Ute Guzzoni

Von »Fall« zu »Fall«

VERLAG KARL ALBER

Ute Guzzoni

Von »Fall« zu »Fall«

Unterwegs in einer Sprachfamilie

Verlag Karl Alber Freiburg / München

Ute Guzzoni

Falling under »falling«

Getting acquainted with a language family

Letting oneself in for the things of our world goes together with letting oneself in for the words with which those things address us. In the following I will try to provide a way to practice such a letting-oneself-for by consulting a word family and by listening to how we sound when we say certain words of that family, words that particularly attract me.

At a first glance the things that we refer to with the words »coincidence« (*Zufall*, i.e. that which falls to us), »waste« (*Abfall*, i.e. that which falls away), »idea« (*Einfall* that which falls into someone's mind) do not seem to have anything to do with what the German words »Geschick« (fate), »Müll« (litter) and »Idee« – still, these can be considered synonyms of the first. But this is not just a mere contingent peculiarity of the German language. The fact is that all these words are variations of falling. This is not just a mere consonance. I have negated this »mere« several times to indicate very clearly that there is something else at stake here, that there can be (and must be) a certain foundational relationship, familiarity between these words.

The Author:

Ute Guzzoni, born 1934, taught at Freiburg University as Professor of Philosophy. Numerous publications at Alber, the latest: *Der andere Heidegger* (2009) (English: *The other Heidegger*), *erstaunlich und fremd* (2012) (English: *amazing and foreign*), *Nichts* (2014) (English: *Nothing*), *Im Raum der Gelassenheit: die Innigkeit der Gegensätze* (2014) (English: *In the space of calmness: the intimacy of opposites*), *Wasser* (2015) (English: *Water*), *Weile und Weite* (2017) (English: *open space and time*) and *Wohnen und Wandern* (2017) (English: *Dwelling and Wandering*).

Ute Guzzoni

Von »Fall« zu »Fall«

Unterwegs in einer Sprachfamilie

Ein besonderes Beispiel unserer Weltzugehörigkeit ist unser Hineingehören in unsere Sprache. Wir entsprechen ihm durch ein Hören auf ihre Worte und deren Bezüge. Einzelne Wortzusammensetzungen (Sätze, Wendungen, Formulierungen) können wie ein Raum sein, in den wir eintreten, der uns umfängt, in dem wir uns zuhause und aufgehoben – oder je nachdem auch fremd – fühlen. Schon einzelne Worte können uns als mehr oder weniger heimisch erscheinen, indem sie nicht nur ein formales Zeichen für das von ihnen Bedeutete sind, sondern uns z. B. einen Wink geben in einen spezifischen Bedeutungs-, Wahrnehmungs- und Gefühlszusammenhang.

Dieses Buch versucht eine Einübung in ein solches Sich-einlassen, indem es eine bestimmte Wortfamilie aufsucht und auf das Sprechen einer Reihe besonders »auffälliger« Familienmitglieder hört: die Wortfamilie um die Worte Fall und fallen. Einfall, Abfall, Zwischenfall, Zufall, Verfall, Vorfall – um nur einige zu nennen: Was heißt da eigentlich »fallen«? Und inwieweit entwickeln die Bestandteile eines zusammengesetzten Wortes eine eigene Bedeutung und verlieren dabei sozusagen ihren »Eigenwert«?

Die Autorin

Ute Guzzoni, geb. 1934, lehrte als Professorin für Philosophie an der Universität Freiburg i. Br. Zahlreiche Veröffentlichungen bei Alber, zuletzt: *Über Natur* (1995), *Sieben Stücke zu Adorno* (2003), *Hegels Denken als Vollendung der Metaphysik* (2005), *Unter anderem: die Dinge* (2008), *Gegensätze, Gegenspiele* (2009), *Der andere Heidegger* (2009), *erstaunlich und fremd* (2012), *Nichts* (2014), *Im Raum der Gelassenheit: die Innigkeit der Gegensätze* (2014), *Wasser* (2015), *Zwischen zwei Wellen. 300 Haiku zu Flüssen und Nebel und Meer* (Hg., 2015), *Wohnen und Wandern* (2017) und *Weile und Weite* (2017).

Fotos von Ute Guzzoni

Originalausgabe

© VERLAG KARL ALBER
in der Verlag Herder GmbH, Freiburg / München 2019
Alle Rechte vorbehalten
www.verlag-alber.de

Covergraphik: Ute Guzzoni unter Verwendung von
www.wortwolken.com
Satz: SatzWeise, Bad Wünnenberg
Herstellung: CPI books GmbH, Leck

Printed in Germany

ISBN 978-3-495-49046-4

Inhalt

Einleitung —— 9

fallen —— 15

Vorfall —— 35

fällig —— 43

Einfall, einfallen —— 47

verfallen (jemandem) —— 59

Beifall —— 65

Wasserfall —— 69

Zufall —— 77

gefallen (Partizip) —— 89

fallen lassen —— 93

Abfall —— 95

zerfallen —— 111

Kunst und Zufall —— 115

Verfall —— 123

gefallen (Verb) —— 133

Abfall in der Kunst —— 141

Zwischenfall —— 151

Inhalt

Zufall – Koinzidenz und Schicksal —— 155

auffallen, auffällig —————————— 169

Unfall ———————————————— 179

hinfällig ———————————————— 185

Fall —————————————————— 189

fallen und seine Familienmitglieder —— 197

Literatur ——————————————— 203

Einleitung

Zur abendländischen *Philosophie* gehört seit ihren Anfängen eine mehr oder weniger ausdrückliche Besinnung darauf, was sie selbst ist, welchen Fragen sie nachgeht, wie sie ihre Sache in den Blick zu fassen sucht. Was es also heißt zu philosophieren. Die Antworten waren vielfältig, bauten teilweise in geschichtlicher Folge aufeinander auf, standen aber teilweise auch unverbunden und zuweilen einander kontrastierend nebeneinander. Über eine sehr lange Zeit bestand trotz dieser Vielfalt Einigkeit darüber, daß es in der Philosophie – in welch unterschiedlicher Weise auch immer – um *die Wahrheit* geht, damit zugleich um *das Eine*, um *die Gründe* und Prinzipien, um *das Allgemeine* und das unveränderliche Wesen. Erst in den letzten anderthalb Jahrhunderten ist dieser Grundansatz fragwürdig geworden. Damit ist die relative Einheitlichkeit[1] des philosophischen Selbstverständnisses zerbrochen. In den verschiedensten Richtungen fragt das philosophische Denken nicht mehr nach dem Allgemeinen und Wesenhaften. Mit Adorno gesagt, geht es vielmehr um

---

[1] Diese Einheitlichkeit war einerseits in der Tat nur eine relative. Insbesondere Heideggers kritische Auseinandersetzung mit dem, was er die »Metaphysik« nennt, täuscht eine Gemeinsamkeit vor, die so wohl kaum bestand. Andererseits ist aber auch heute noch ein gewisses unhinterfragtes Festhalten an »metaphysischen« Voraussetzungen – z. B. der Trennung von Sinnlichem und Unsinnlichem, von Wahrheit und Unwahrheit, vom Vorrang des Bleibenden und Wesenhaften vor dem Vergänglichen und Zufälligen – ein weitgehend gemeinsames Kennzeichen philosophischer Selbstverständnisse.

Einleitung

das »Nichtbegriffliche« (*Negative Dialektik*, 21), das »Offene und Ungedeckte« (29).

Was ist Zeit? Was ist Freiheit? Was ist Gerechtigkeit? Was sind die Bedingungen der Möglichkeit von Erkenntnis? Auf solche Fragen eine sinnvolle und insofern befriedigende Antwort zu geben, ist nur so lange möglich, als man davon ausgeht, daß es überhaupt verbindliche Antworten, allgemeiner gesagt, daß es überhaupt Wahrheit *gibt*.[2] Ist diese Überzeugung einmal brüchig geworden, dann sind generelle Theorien über Sinn und Wesen, die als solche Theorien einen Anspruch auf Allgemeinverbindlichkeit und Wahrheit erheben, sinnlos geworden, weil ihr Anspruch grundsätzlich uneinlösbar ist.

Ein Zweites kommt hinzu. Zumindest seit dem Beginn der Neuzeit hat sich der Mensch als beherrschendes und begreifendes Subjekt einer ihm gegenübergestellten und gegenüberstehenden Objektwelt gesehen. Auch dieser durch Wissenschaft und Technik realisierte Anspruch ist, vor allem durch die Erfahrung seiner globalen Auswirkungen, in seinem Grunde fragwürdig geworden, – obgleich sich diese Einsicht noch erst in Ansätzen durchzusetzen beginnt. Wir sind nicht Beherrscher, sondern Mitspieler unserer Welt. Wir gehören in sie hinein, wir hören auf sie und gehen mit ihr mit.

Stehen wir mit diesen Diagnosen am Ende der Philosophie? Wenn wir die Was-ist-Frage und die Frage nach den allgemeinsten Gründen und nach der Wahrheit nicht mehr vernünftig stellen können, wenn wir die Welt nicht mehr als

---

[2] Vor ca. 60 Jahren hörte ich in einer Vorlesung (über Marx' Frühschriften) von Eugen Fink die eher beiläufig vorgebrachte Bemerkung, daß die traditionelle Überzeugung von einer bleibenden Unveränderlichkeit des *Wesens* heute fragwürdig geworden sei. Damals ist mir plötzlich deutlich geworden, daß wir in der Tat in einer Welt des stets Anderen, des zufällig und erstaunlich So-seienden leben.

ein erkennbares Objekt vor uns liegen haben, – hat das Philosophieren dann prinzipiell abgedankt?

Ich denke, daß es ein dem Menschsein innewohnendes Bedürfnis ist, sich über sein In-der-Welt-sein zu verständigen, in Mythen und Geschichten, in Theorien, in Kunstwerken, in religiösen Entwürfen. *Eine* mögliche Form solcher Selbstverständigung scheint mir die Philosophie im Sinne einer gelassenen Schilderung des »wie es ist« zu sein. Dementsprechend wäre es zumindest *eine* Aufgabe der Philosophie heute, Aspekte unserer Zugehörigkeit zur Welt sichtbar und evident zu machen, um jene Weise des In-der-Welt-seins neu fühlbar und wahrnehmbar werden zu lassen.

In meinen Büchern über *Nichts* und über das *Erstaunliche*, über die *Gegensätze* und über *Weile und Weite* habe ich jeweils unterschiedliche Momente eines nicht durch die Subjekt-Objekt-Beziehung bestimmten Sich-beziehens auf die Welt als einen Zusammenhang von Zufälligem, von je Anderem zu verdeutlichen gesucht. In dem vorliegenden Buch will ich mich nun auf ein besonderes Beispiel unserer Weltzugehörigkeit einlassen, nämlich auf unser *Hineingehören in unsere Sprache*. Sich als der Welt und ihren Dingen zugehörig zu wissen, eingelassen in das Spiel ihrer unendlichen Möglichkeiten und Wirklichkeiten, das bedeutet auch, sich ihrem Sprechen anzuvertrauen. Wir »haben« die Dinge und Begebenheiten in ihren Worten und Wortkonstellationen, in die wir mit unserem In-der-Welt-sein hineingewachsen, d. h. in die wir einsozialisiert sind.

Dem Hineingehören in die Sprache entsprechen wir durch ein Hören auf ihre Worte und deren Bezüge. Die Sprache ist vielleicht nicht das »Haus des Seins«,[3] aber sie ist gleichwohl so etwas wie ein Haus, das »Haus der Welt«, das wir in unserem In-der-Welt-sein zu bewohnen vermögen.

---

[3] Heidegger, *Brief über den Humanismus*.

Einleitung

Einzelne Wortzusammensetzungen (Sätze, Wendungen, Formulierungen) können wie ein Raum sein, in den wir eintreten, der uns umfängt, in dem wir uns zuhause und aufgehoben – oder je nachdem auch fremd – fühlen. Schon einzelne Worte können uns als mehr oder weniger heimisch erscheinen, indem sie nicht nur ein formales Zeichen für das von ihnen Bedeutete sind, sondern uns z. B. einen Wink geben in einen spezifischen Bedeutungs-, Wahrnehmungs- und Gefühlszusammenhang.[4]

Das Sich-einlassen auf die Dinge unserer Welt geht einher mit einem Sich-einlassen auf die Worte, in denen sie sich uns zusprechen. Im Folgenden versuche ich eine Einübung in ein solches Sich-einlassen, indem ich eine bestimmte *Wortfamilie* aufsuche und auf das Sprechen einer Reihe ihrer mich besonders ansprechenden *Familienmitglieder* höre. Weit entfernt von jeder Theorie *über* die Sprache oder das Sprechen, handelt es sich eher um eine Art Fingerübungen im Umgang mit der Sprache.

Die Wortfamilie um die Worte *Fall* und *fallen* ist eine unter Tausenden innerhalb der deutschen an solchen Familien so reichen Sprache. Ich habe sie von dem Wort *Zufall* her gewählt – bzw. genauer, sie ist mir von diesem Wort her *aufgefallen* und *eingefallen* und wurde damit zum Ausgangspunkt dieser Betrachtungen. Es erschien mir merkwürdig, daß der Zufall etwas nennt, was einerseits einfach geschieht, ohne Begründung und Motivation, daß er andererseits vom

---

[4] Es gibt Worte, die, gleichgültig in welchem Zusammenhang sie uns jeweils begegnen, eine merkwürdige Potentialität zu Nähe und vielleicht sogar zu Betroffenheit in sich tragen. Sie erscheinen nicht als bloße Bezeichnungen, die einen bestimmten realen Sinngehalt übermitteln sollen, sondern sie rühren uns an, sie haben, möglicherweise individuell verschieden, einen verborgenen Gefühlswert. Meist sind dies »Bildworte«, mit denen wir keine exakten Begriffe, vielmehr Stimmungen und Sichten, Erinnerungen, Träume und Imaginationen verbinden.

Wörtlichen her zu-fällt, *auf uns zu* fällt. Was heißt da eigentlich »fallen«? Inwieweit entwickelt die Zusammensetzung aus den »Fall«-Bestandteilen, etwa in Abfall oder hinfällig, eine eigene Bedeutung und verlieren diese dabei oftmals ihren »Eigenwert«? So kam ich dazu, diese umfangreiche Wortfamilie zu besuchen und mit einigen ihrer Familienmitglieder näher ins Gespräch zu kommen.

Da es keine wie auch immer geartete systematische inhaltliche Ordnung unter den zu betrachtenden »Individuen« gibt, fallen die Stücke sehr unterschiedlich aus. Manchmal handelt es sich um ausführlichere Reflexionen, manchmal um bloße Aperçus. Zuweilen deute ich nur an, zuweilen lasse ich mich auf Umwege und Abstecher ein. Nirgendwo ist Vollständigkeit beabsichtigt. Meist gehe ich von Beispielen aus, häufig davon, wie die Worte in der dichterischen Sprache begegnen. Immer wird dieses Familientreffen einen Charakter des Spielerischen behalten.

fallen

Die Blätter fallen, fallen wie von weit,
als welkten in den Himmeln ferne Gärten;
sie fallen mit verneinender Gebärde.

Und in den Nächten fällt die schwere Erde
aus allen Sternen in die Einsamkeit.

Wir alle fallen. Diese Hand da fällt.
Und sieh dir andre an: es ist in allen.

Und doch ist Einer, welcher dieses Fallen
unendlich sanft in seinen Händen hält.
(Rainer Maria Rilke, *Herbst*)

Bei »fallen« denken wir zumeist an ein »Hinunterfallen«, ein Absinken oder sogar Stürzen. In seinem unmittelbaren Bedeutungsgehalt meint »fallen« die durch die Schwerkraft bewirkte Bewegung von oben nach unten. Für uns Erdenwesen ist das eine elementare Bewegung, die Schwerkraft ist eine bestimmende Kraft für alles, was auf der Erde lebt bzw. überhaupt ist. Paul Klee spricht vom »statischen Imperativ in unserem irdischen Dasein«: »Denn wir wissen, daß eigentlich alles nach dem Erdzentrum hin müßte. … Uns zwingt das Lot als ein Gebot« (*Das bildnerische Denken*, 5).

Zum Fallen gehört komplementär die gegensätzliche Bewegung des Steigens und Sich-aufrichtens. Der aufrechte Gang des Menschen ist eine Bewegung gegen die Schwerkraft, die phylogenetisch einerseits – insofern sie explizit durchgeführt werden muß – keine ihm »natürliche« ist, andererseits aber seine Entwicklung vom Tier zum Menschen markiert hat. Und ontogenetisch lernt das Kleinkind mit unermüdlichen Versuchen auf seinen wackligen Beinchen zu stehen und immer seltener dabei hinzufallen. Im hohen Alter, wenn das Gleichgewichtsgefühl nachläßt, wird das Fallen wieder eine naheliegende und gefürchtete Gefahr – das Rätsel des Ödipus setzt mit Selbstverständlichkeit voraus, daß sich der Greis zum Gehen und Stehen auf seinen Stock stützt.

Menschliche Bewegung vollzieht sich jeweils in unterschiedlichen, oftmals gegensätzlichen Richtungen, etwa als hin und her streifen, sich vor und zurück wenden, sich aufrichten und beugen, nach oben steigen und nach unten fallen. Von diesen Bewegungen ist keine so sehr wie das Fallen von außen (durch die Gravitation, mittelbar etwa auch durch fehlendes Gleichgewicht) bewirkt, wenn wir einmal von einem seltenen Uns-fallen-lassen absehen.[1] Werden wir nicht durch organische oder technische Mittel in unserer jeweiligen Stellung gehalten, so fallen wir.[2]

»Wir alle fallen.« Es gehört zu unserer Grundsituation, daß wir fallen, wenn wir nicht gehalten werden oder uns aus uns selbst dagegen auflehnen, uns aufrichten bzw. aufrecht halten.[3] Und nicht nur wir fallen. Alles fällt.[4] Wenn etwas *der Fall* ist,[5] *fällt* es dann auch? Woher und wohin würde es

---

[1] Gleichwohl spielt auch bei den anderen Bewegungen, besonders beim Steigen, die Gravitation eine Rolle.
[2] Vgl. v. Verf., Wer auf dem Kopf geht, in: *Nichts*, 67.
[3] Dieses Aufrechtsein ist uns allerdings so sehr eingewöhnt, daß wir es nicht mehr als Anstrengung oder auch nur als eigenes Zutun empfinden.
[4] In der Atomphysik werden Experimente mit »fallenden Atomen« angestellt.
[5] »Die Welt ist alles, was der Fall ist«, sagt Wittgenstein. Vgl. hierzu unten S. 192 f.

fallen? Aus der Welt vielleicht, »aus allen Sternen«? »Und in den Nächten fällt die schwere Erde aus allen Sternen in die Einsamkeit.« (Rilke) Was aus den Sternen fällt, fällt nicht irgendwo anders hin; was aus dem Weltraum fällt, fällt nicht aus ihm heraus, sondern fällt innerhalb seiner und auf sich selbst zurück. So kann es der Fall sein.

Fallen –. Es ist merkwürdig, wie viel – zuweilen wehmütig erfahrene – Bedeutung in diesem Wort liegen kann. Auch die Tränen fallen, zuweilen verstohlen und mühsam unterdrückt, manchmal unaufhaltsam. Sie sind körperliche Zeichen für tiefen Schmerz, Trauer, mitfühlende Wehmut oder manchmal auch große Freude und Rührung. Die Regentropfen fallen langsam, auseinanderstrebend und sich wieder zusammenfindend an der Fensterscheibe entlang; auf der ruhigen Oberfläche des Sees schaffen sie fallend winzige Springbrunnen; sie fallen einzeln und wie zögernd oder in einem Wolkenbruch laut rauschend aus dem grauen Himmel.

Auch Schatten fallen. Der Schatten, dieses merkwürdige, nichtige Etwas, verdankt sich nicht der Schwerkraft, sondern er fällt in der Richtung des auf den Gegenstand fallenden *Lichts* und ist so dessen Gegenspieler. Etwas wirft einen Schatten, so daß er auf eine dahinter liegende Fläche fällt, eine Wand, den Boden, ein Gesicht. Wolkenschatten über dem weiten Meer, Häuserschatten auf stillen Straßen. Licht und Dunkelheit gehen im Schatten, der von Dinglichem geworfen wird und auf den Unter- oder Hintergrund fällt, eine eigentümliche, undingliche Verbindung ein,[6] die gleichwohl härter oder dunkler, weicher oder härter, sogar

---

[6] Tanizaki Jun'ichir beschäftigt sich in seinem Buch *Lob des Schattens. Entwurf einer japanischen Ästhetik* mit der »Magie des Schattens« im Zusammenspiel von Licht und Dunkelheit, wie sie sich in den verschiedensten Lebensbereichen in Japan aufweisen läßt.

fallen

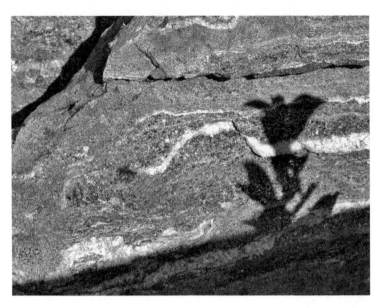

fallen

verschieden gefärbt sein kann. Am Schatten zeigt sich eine Eigenart des Fallens, auf die wir bei den Betrachtungen dieses Buches verschiedentlich gestoßen werden, daß nämlich das Fallen jenseits der Unterscheidung von Aktivem und Passivem zu liegen scheint. Der Schatten der Blume fällt auf den Fels – sie »tut« das nicht, aber es wird ihr auch nicht »angetan«.

Fallende Tränen, fallende Regentropfen, fallende Schatten, fallende Blätter. Die Blätter tanzen im Fallen durch den Tag, bei einer Bö stürzen sie wirbelnd zu Boden, manchmal löst sich auch nur ein einzelnes Blatt und schwebt ganz sacht durch die Luft. Unzählige Herbstgedichte verdichten ihre Stimmung im Bild der fallenden Blätter, des fallenden Laubs, zuweilen der fallenden Früchte. »Der Nebel steigt, es fällt das Laub« (Storm). Wie die Krähenschwärme, die auf den schwarzen Bäumen einfallen, so sind die letzten gelbbraunen Blätter am kahlen Ast, die der Wind dann eins nach dem anderen herabfallen läßt, Bilder der als sterbend empfundenen Natur.

Die unbestimmte Traurigkeit und Schwermut, die so oft mit der Wahrnehmung der fallenden Blätter zusammengeht, kommt mit daher, daß die Blätter mit diesem Fallen ihre gewohnte Bestimmung, Blätter am Baum zu sein, verlieren und sterben.[7] Sie fallen »aus den erkalteten Ästen, die einst die

---

[7] Für Barthold Hinrich Brockes gewinnen sie dadurch, spielerisch, die neue Bestimmung, die Erde zu bedecken:
»Hiedurch ward ihre leichte Last, im weiten Luft-Kreis überall,
In kleinen Zirkelchen bewegt, in sanften Wirbeln umgeführet,
Bevor ein jedes seinen Zweck, und seiner Mutter Schooß, berühret;
Um sie, bevor sie aufgelöst, und sich dem Sichtlichen entrücken,
Mit Decken, die weit schöner noch, als persianische, zu
    schmücken.«
    (Gedanken bey dem Fall der Blätter im Herbst).

Sonne umarmt« (Bachmann). Ihre Zeit ist vorbei, sie sind müde:

> Die Vögel zogen nach dem Süden,
> Aus dem Verfall des Laubes tauchen
> Die Nester, die nicht Schutz mehr brauchen,
> Die Blätter fallen stets, die müden.
> (Nikolaus Lenau, *Herbst*)

*

Die Blätter fallen »mit verneinender Gebärde«.[8] Die verneinende Gebärde weist nach unten, zur Erde, zum Sterben.[9] Gottfried Benn kennt diese verneinende Gebärde gut, sie ist bei ihm häufig mit dem Vergehen und mit Abschied – Abschied des Tages, Abschied des Sommers, Abschied des Lebens – verbunden. Wie die Rosenblätter fallen, »fallen die Tränen auch« *(Rosen)*; die Träume fallen[10] und die Fluten[11] fallen; »so fallen die Tage, bis der Ast am Himmel steht, auf

---

[8] In diesem Verneinen spielt vermutlich nicht nur das Vergehen mit, für das der Blätterfall des Herbstes steht, sondern auch die uralte Negativkonnotation des *Unten* gegenüber dem *Oben*, des Niederen, Dunklen gegenüber dem Hellen, Höheren.

[9] »Wie glücklich, dacht' ich, sind die Menschen, die den freywillgen Blättern gleichen,
Und, wenn sie ihres Lebens Ziel, in sanfter Ruh' und Fried', erreichen;
Der Ordnung der Natur zufolge, gelassen scheiden, und erbleichen!« (Brockes, a.a.O.)

[10] »du blühst wie Rosen schwer in Gärten allen,
du Einsamkeit aus Alter und Verlust,
du Überleben, wenn die Träume fallen,
zuviel gelitten und zuviel gewußt.« (*Abschied*, aus der 1. Strophe).

[11] »Die trunkenen Fluten fallen – / die Stunde des sterbenden Blau« (*Epilog 1949*).

dem die Vögel einruhn nach langem Flug.« *(Ach, das ferne Land)*; »Die Festen sinken und die Arten fallen« *(Die Züge deiner ...).*

Sehr viel ist geschrieben worden über Benns letztes Schreiben an den vertrauten Freund Oelze, in dem er über seinen hoffnungslosen Gesundheitszustand berichtet und in dem es heißt: »Jene Stunde wird keine Schrecken haben, seien Sie beruhigt, wir werden nicht fallen, wir werden steigen« (1956). Der elende Tod, der Tod unter unerträglichen Schmerzen, wäre ein Fallen, das schmerzfreie, angenommene Sterben wird dagegen ein Steigen sein. Diese Beschreibung eines »gelingenden« Todes mag zunächst verwundern. Die meisten Umschreibungen des Sterbens im Deutschen haben die horizontale Richtung eines Weg- und Hinübergehens. Und im Sinne der fallenden Rosenblätter und fallenden Arten würde man jedenfalls eher ein Fallen als ein Steigen assoziieren.

Ich denke, es ist die für Benn sehr präsente Zweiheit von Sinnlichem, Fleisch, »Weingeruch«, »Rausch der Dinge« einerseits und »Gegen-Glück« des Geistes andererseits,[12] die die fragliche Kennzeichnung verständlich macht.[13] Einige Zeilen aus zwei der *Epilog*-Gedichte von 1949 lassen sich wie Erläuterungen zu einem Sterben, das kein Fallen, sondern ein Steigen ist, lesen:

Die vielen Dinge, die du tief versiegelt
durch deine Tage trägst in dir allein,
...

---

[12] Einsamer nie –.
[13] Im Gegensatz zu der Wendung »den Geist aufgeben« wird der Tod als Einkehr in den Bereich des Geistes durch Loslösung vom Leiblichen verstanden.

die kannst du erst in jener Sphäre lösen,
in der du stirbst und endend auferstehst.
(Epilog 1949 V)

Und sinkt der letzte Falter in die Tiefe,
die letzte Neige und das letzte Weh,
bleibt doch der große Chor, der weiter riefe:
die Himmel wechseln ihre Sterne – geh.
(Epilog 1949 III)

In-die-Tiefe-sinken und endend Auferstehen – ist es nicht das, was bei Benns Bemerkung »wir werden nicht fallen, wir werden steigen« im Hintergrund steht? Aber es bleiben zwei Merkwürdigkeiten: Müßte es nicht eigentlich heißen: wir werden nicht *nur* fallen? Es bleibt ja Fakt, daß die Falter in die Tiefe sinken, daß die Rosen entblättern. Ist die »Erfüllung« nicht an ein Sterben gebunden? Und: was meint das für Benn ganz untypische »wir«? Ich kann hier nur vermuten. Im Zusammenhang der Postkartennotiz geht es in erster Linie um die Versicherung, daß der nahende Tod ohne »Schrecken« sein wird: »Nur leiden will ich nicht, Schmerzen sind etwas Entwürdigendes.« Unter Schmerzen leidend zu enden, würde in dem Sinne in der Tat ein Fallen sein, daß es ein animalisches Verenden, eine Überantwortung an das rein Leibliche, Fleischliche wäre. Dieses bloße Verfallen durch eine Vorkehrung[14] zu verhindern, gibt eine pathetische Sicherheit, ein fast triumphierendes Versichern: Wir werden nicht fallen, wir werden steigen. Der Sieg über den entwürdigenden Schmerz bedeutet einen Sieg über das bloß Persönliche, insofern eine Steigerung ins Wir.

---

[14] »Meiner Frau ... habe ich das Versprechen abgenommen, daß sie mir die letzte Zeit erleichtert, es wird alles rasch zu Ende gehen. Jene Stunde wird keine Schrecken haben« (Brief an Wilhelm Oelze, 1956).

Und noch eine letzte Bemerkung zu Benns Beziehung zur verneinenden Gebärde des Fallens. An zwei Stellen, die ich nur anführen, aber nicht näher interpretieren möchte, wird im einen Fall das Fallen, im anderen das Hinfallen bzw. Hinfälligsein mit dem *Nichts* zusammengedacht. So heißt es einmal in *Doppelleben:* »Wenn Dinge sehr lange gedacht werden, fallen sie ins Nichts. So die Dinge der Macht und des Geistes, der Ordnung und des Chaos, des Staates und der Freiheit.« In dem Gedicht *Sommers*[15] finden sich die beiden in Anführungszeichen gesetzten Zeilen:

»Ach, du Hinfälliger – in eigene Fallen –«
»Ach, du Erleuchteter – vom eigenen Nichts –«

Da ist nicht vom Tod und nicht vom Vergehen die Rede. Aber das Nichts, das als äußerster Raum der Nichthaftigkeit wie als innerster und eigenster Nichtigkeitsraum verstanden werden kann, ist auch und gerade hier das letzte Wohin des Fallens.

*

Das herbstliche Dahinfallen sollte sich nicht täuschen lassen von der reifen Schönheit dieser Jahreszeit:

Drum sei hart, wenn der zarte Rücken der Wolken
sich dir einmal noch beugt,
nimm es für nichts, wenn der Hymettos die Waben
noch einmal dir füllt.
(Ingeborg Bachmann, *Fall ab, Herz*)

---

[15] Vgl. unten S. 186.

Leichtgetönte Wolken, die vielleicht an warme Sommerabende erinnern, der Honig vom duftenden Bergrücken des zur Akropolis herüberwinkenden Hymettos sind letzte Boten der zur Ruhe gehenden Natur, gegen die sich aufzulehnen vergeblich ist. Das Herz will am Baum der Zeit festhalten, aber dieses Wollen gilt für nichts: es fällt aus der Zeit. Es fällt aus der Zeit, indem es doch in ihr bleibt, – ihrem einsinnigen Verlauf entzogen, nicht gehalten durch das Vergangene, nicht bezogen auf das Kommende, »lautlos und fremd«.

Die letzte Strophe von Ingeborg Bachmanns *Fall ab, Herz* lautet:

> Und was bezeugt schon dein Herz?
> Zwischen gestern und morgen schwingt es,
> lautlos und fremd,
> und was es schlägt,
> ist schon sein Fall aus der Zeit.

Ob das Herz aus der Zeit fällt oder ob es in sich hinein fällt, wenn es den Dingen nachspürt und ihre Bewegungen erahnt, jedenfalls fühlt es in sich selbst jenes »Fallen, wie von weit«. Es selbst lebt zwischen oben und unten, zwischen Auf-den-Füßen-stehen und Auf-dem-Kopf-gehen, welches Zwischen die condition humaine mit ausmacht. Rilkes Gedicht *Vorgefühl*, vermutlich im Herbst 1904 in Schweden geschrieben, handelt auch von diesem offenen Raum des Zwischen und der Ferne, in den das Herz ausgesetzt ist – »nicht ganz so sicher« und »unsäglich zu entwirrn« (Rilke, *Abend*) –, in die große und weite Einsamkeit, in der sich die Bewegung des Fallens zugleich umkehrt in ein Sich-werfen und ein Fallen in und auf sich selbst zurück:

fallen

> Ich bin wie eine Fahne von Fernen umgeben.
> Ich ahne die Winde, die kommen, und muss sie leben
> während die Dinge unten sich noch nicht rühren:
> die Türen schließen noch sanft, und in den Kaminen ist Stille;
> die Fenster zittern noch nicht, und der Staub ist noch schwer.
>
> Da weiß ich die Stürme schon und bin erregt wie das Meer.
> Und breite mich aus und falle in mich hinein
> und werfe mich ab und bin ganz allein
> in dem großen Sturm.

Das Zu-einem-Ende-kommen des Fallens kann jedoch auch einen anderen Charakter, nämlich etwas Gestilltes an sich haben, ein Zur-Ruhe-kommen, in das man sich willig fügt. Brockes spricht in seinem Gedicht *Gedanken bey dem Fall der Blätter im Herbst* von einem »sanften Regen« »von selbst herabgesunkner Blätter« und betont, daß er es als tröstlich empfindet, wenn sie »von dem geliebten Baum« freiwillig scheiden, »da durch Wind, / Durch Regen, durch den scharfen Nord, sie nicht herabgestreifet sind; / Nein, willig ihren Sitz verlassen«. Ähnlich sieht es Hebbel: »Denn heute löst sich von den Zweigen nur, / Was von dem milden Strahl der Sonne fällt.«[16] Wegen ihres sanften Dahinfallens sind die

---

[16] Das ganze Gedicht lautet:
»Herbstbild
Dies ist ein Herbsttag wie ich keinen sah!
Die Luft ist still, als atmete man kaum,
Und dennoch fallen raschelnd, fern und nah,
Die schönsten Früchte ab von jedem Baum.
O stört sie nicht, die Feier der Natur!
Dies ist die Lese, die sie selber hält,

Blätter für Brockes ein Bild für ein »wohlgeführtes Alter und sanftes Sterben«.[17] Oder, wie Matthias Claudius es auszudrücken vermag:

> So, wie ein Blatt vom Baum fällt,
> so geht ein Mensch aus dieser Welt
> und alle Vögel singen weiter.

Wie gesagt: gewöhnlich begleiten wir das Fallen in der Natur mit einer gewissen Wehmut, höchstens einer stillen Gelassenheit. Daher das Staunen, das Rilke in der 10. Duineser Elegie zur Sprache bringt, wenn die Wahrnehmung des Fallens einmal eine Glückserfahrung bedeutet:

> Aber erweckten sie uns, die unendlich Toten, ein
>   Gleichnis,
> siehe, sie zeigten vielleicht auf die Kätzchen der leeren
>   Hasel, die hängenden, oder
> meinten den Regen, der fällt auf dunkles Erdreich im
>   Frühjahr. –

> Und wir, die an *steigendes* Glück
> denken, empfänden die Rührung,
> die uns beinah bestürzt,
> wenn ein Glückliches *fällt*.

---

[17] »Die hingegen,
Die, durch der Stürme strengen Hauch, durch scharfen Frost,
    durch schwehren Regen
Von ihren Zweigen abgestreift und abgerissen, kommen mir,
Wie Menschen, die durch Krieg und Brand und Stahl gewaltsam
    fallen, für.«

Denn heute löst sich von den Zweigen nur,
Was von dem milden Strahl der Sonne fällt.«

fallen

Dieser Glückserfahrung des Fallens können wir eine Reflexion Hölderlins entgegensetzen: »Das ist das Maß Begeisterung, das jedem Einzelnen gegeben ist, daß der eine bei größerem, der andere nur bei schwächerem Feuer die Besinnung noch im nötigen Grade behält. Da wo die Nüchternheit dich verläßt, da ist die Grenze deiner Begeisterung. Der große Dichter ist niemals von sich selbst verlassen, er mag sich so weit über sich selbst erheben, als er will. Man kann auch in die Höhe fallen, so wie in die Tiefe. Das letztere verhindert der elastische Geist, das erstere die Schwerkraft, die in nüchternem Besinnen liegt. Das Gefühl ist aber wohl die beste Nüchternheit und Besinnung des Dichters, wenn es richtig und warm und klar und kräftig ist.« (Hölderlin, *Reflexion*, in: *Aphorismen*, Theoretische Schriften)

Die nüchterne Besinnung, die in einem gewissen Grad der Begeisterung des Dichters beigemischt sein muß, bewahrt vor einem »Fallen in die Höhe«, das die irdische Bodenhaftung verlieren und davonfliegen würde. Die Nüchternheit und die Besinnung halten den Dichter bei sich selbst und damit auf der Erde. Sie sind jedoch nicht als bloß rationale Reflexion mißzuverstehen; in Hölderlins Sinne ist die Nüchternheit gerade nicht, wie alltäglich üblich, der Begeisterung entgegenzusetzen. Vielmehr ist sie ein richtiges, warmes, klares und kräftiges *Gefühl*.[18]

*

In all den bisher angeklungenen Fällen ist die Bewegung des Fallens eindeutig, es erfolgt in einer und nur einer Richtung, auch wenn es das eine Mal gerade und schnell seinen vor-

---

[18] Zu vergleichen wäre die Bedeutung der Nüchternheit in den spirituellen Reflexionen z. B. des Yoga.

gegebenen Weg überwindet und das andere Mal zu zögern scheint oder spielerisch herumwirbelt, sich langsam hin und her bewegt: immer folgt es der Schwerkraft, es fällt nach unten.

Gleichwohl kann es auch in eine gegensätzliche Spannung gehören bzw. mit seinem Gegensatz, dem Steigen, eine gemeinsame umfassende Bewegung bilden. Was fällt, kann auch wieder steigen. Das sprechendste Beispiel[19] hierfür ist der Kreislauf des Wassers. Der Regen fällt, aber irgendwann steigt sein Wasser als Dampf wieder nach oben, bildet die Wolken, aus denen es dann wieder herunterregnet, – Fallen und Steigen in stetem Wechsel. Je nach Wetterlage steigt der Nebel und bedeckt als Wolkendecke den Himmel, oder er fällt und schenkt die goldenen Oktobertage.

Die Blätter kehren nicht wieder an ihre Äste zurück. Dennoch ergibt auch der stete Wechsel von Sprießen und Welken einen Kreislauf, in den sich der Blätterfall einfügt. Die englische Sprache nennt Frühling und Herbst nach ihren Bewegungen, nach entspringen und dahinfallen: *spring* und *fall*.[20] Hainbuche und Wintereiche behalten die meisten ihrer Blätter bis zum nächsten Frühling, wenn schon die kleinen Knospen nachdrängen; so ist das Fallen noch deutlicher mit dem neuen Wachsen, dem Steigen der Säfte in Stamm und Äste verbunden.

---

[19] Eigentlich besser der sprechendste Fall. Zum Unterschied zwischen Fall und Beispiel s. unten S. 190 f.
[20] Das ältere englische Wort für Herbst »autumn« könnte diesen Kreislauf schon in den Herbst hineinnehmen, das Wachsen und Größerwerden ist im Keim schon im Verfallen angelegt: »it's thought ›autumnus‹ probably came from an Etruscan word and is possibly related to the Latin ›augere‹ meaning ›to increase‹«. (www.todayifoundout.com)

fallen

> Der Nebel steigt, es fällt das Laub;
> ...
> Wohl ist es Herbst; doch warte nur,
> Doch warte nur ein Weilchen!
> Der Frühling kommt, der Himmel lacht,
> Es steht die Welt in Veilchen.
>
> (Storm, *Oktoberlied*)

Die Art und Weise, wie fallen und steigen oder steigen und fallen zusammengehören, aufeinander verweisen, sich ergänzen, aufeinander folgen, kann sehr unterschiedlich sein. Wir finden sie in ihrem Zusammenspiel bei den Gezeiten und beim Nebel, bei der Temperatur, bei der Stimmlage und der Stimmung, bei den Aktien. Der Autor des Artikels »fallen« im Grimmschen Wörterbuch vermutet sogar – m. E. nicht überzeugend –, daß das Fallen selbst eine ursprüngliche Doppelbedeutung gehabt habe: »*hier hätten wir den uralten doppelsinn des fallens, cadere und surgere, descendere und ascendere, wie die wörter volare, fliegen an sich nicht besagen, ob auf oder nieder.*« (Bd. 3, 1277)

In dem *Herbst* überschriebenen Gedicht von Nikolaus Lenau, aus dem ich eben schon einige Zeilen angeführt habe, wird das Verhältnis von herbstlichem Verfall und Wiedererwachen der Natur im Frühling als *Tauschen* bezeichnet. Das Tauschen ist ein Geben und Nehmen, das scheinbare Nacheinander ist, in seinem Grund betrachtet, ein Ineinanderspielen:

> Die Vögel zogen nach dem Süden,
> Aus dem Verfall des Laubes tauchen
> Die Nester, die nicht Schutz mehr brauchen,
> Die Blätter fallen stets, die müden.
> In dieses Waldes leisem Rauschen
> Ist mir als hör' ich Kunde wehen,

daß alles Sterben und Vergehen
Nur heimlich still vergnügtes Tauschen.

In den Titeln zweier Gedichtbände der letzten Jahre – *Ein Fallen selbst im Steigen* von Theodor Damian (2015) und *Jedes Steigen ein Fallen zugleich* von Herbert Eisenreich (2014) – scheint der genannte Doppelsinn zwar auf die beiden entsprechenden Verben verteilt, zugleich aber nicht als ein Nacheinander oder als bloße Ergänzung, sondern als Ineinander, enger vielleicht verbunden als Einatmen und Ausatmen. In einem Text des Rappers Gerard heißt es: »Laß uns am besten in die Höhe fallen.« Das Fallen soll hier selbst zu einem Steigen, zu einer Bewegung in die Höhe werden.

So bringt auch der abendliche Wechsel vom Tag zur Nacht in Rilkes *Abend*-Gedicht eine Art Ineinanderfallen von Steigen und Fallen, von Irdischem und Himmlischem, von Stern und Stein zum Ausdruck[21]:

> Der Abend wechselt langsam die Gewänder,
> die ihm ein Rand von alten Bäumen hält;
> du schaust: und von dir scheiden sich die Länder,
> ein himmelfahrendes und eins, das fällt;

Goethe hat ein vielzitiertes, mehrfach vertontes Gedicht geschrieben, das das Steigen und Fallen in ein existentielles Gleichgewicht bringen will:

---

[21] Vgl., auch von Rilke, *Herbst-Abend:*
»Wind aus dem Mond,
plötzlich ergriffene Bäume
und ein tastend fallendes Blatt.
Durch die Zwischenräume
der schwachen Laternen
drängt die schwarze Landschaft der Fernen
in die unentschlossene Stadt.«

fallen

> Geh, gehorche meinen Winken,
> Nutze deine jungen Tage,
> Lerne zeitig klüger sein:
> Auf des Glückes großer Waage
> Steht die Zunge selten ein;
> Du mußt steigen oder sinken,
> Du mußt herrschen und gewinnen
> Oder dienen und verlieren,
> Leiden oder triumphieren,
> Amboß oder Hammer sein.

Klugsein heißt nach diesem – in seinem Pathos eher befremdlichen, fast an faschistische Deklamatorik erinnernden – Gedicht, als Lebensmaxime das Steigen, Herrschen, Triumphieren zu wählen. Steigen und Fallen bilden für den einzelnen Menschen und für die Völker zwar nur scheinbar eine wirkliche Alternative; niemand wird bewußt das Verlieren und das Leiden wählen.[22] Gleichwohl sind beide hier in eine gewisse Gleichrangigkeit gebracht, insofern sie als auf den beiden Waagschalen des Schicksals liegend gesehen werden, eines Schicksals allerdings, das letztlich dann doch in den Händen des Einzelnen liegt.

Häufig folgt das Fallen auf das Steigen. »Hochmut kommt vor dem Fall«, sagt der Volksmund. Der Fall kommt hier nicht von selbst, er folgt vielmehr auf ein Sich-erheben über anderes und vor allem andere. Die Biographien großer Männer oder Reiche der Geschichte werden oft nach dem Modell von Aufstieg und Fall bzw. Untergang betrachtet.[23]

---

[22] Wenn wir gewisse religiöse – zuweilen auch *weiblich* praktizierte, wenn auch nicht konzipierte – Weltauffassungen und Lebensauffassungen beiseitelassen.
[23] Napoleon ist wohl das bekannteste Beispiel für die ersteren, das römische Reich für die letzteren.

In der Oper *Aufstieg und Fall der Stadt Mahagonny* erzählen Brecht und Weill die Geschichte des Aufstiegs einer Stadt, die durch die Gier nach Geld und die Sehnsucht nach Glück geprägt ist und nach einem fiebrigen Aufstieg folgerichtig zum Fall und Verfall führt. Und weist nicht auch Brechts *Salomon-Lied* unmißverständlich daraufhin, daß jedwedes – scheinbare – Obensein zum unaufhaltsamen Fall führt?

> Ihr saht den weisen Salomon,
> Ihr wisst, was aus ihm wurd.
> Dem Mann war alles sonnenklar.
> Er verfluchte die Stunde seiner Geburt,
> Und sah, daß alles eitel war.
> Wie gross und weis' war Salomon.
> Und seht, da war es noch nicht Nacht,
> Da sah die Welt die Folgen schon
> Die Weisheit hatte ihn soweit gebracht,
> Beneidenswert, wer frei davon.

Vorfall

Ein Vorfall ist ein (relativ) »kleines Ereignis«, das einerseits seine besondere Bedeutung hat, die aber andererseits gewöhnlich nicht allzu groß sein soll. Oft spricht man gleichbedeutend von einem »Zwischenfall«. Wie dieser trägt der Vorfall sein Ende in sich. Er ist in sich abgeschlossen bzw. wird irgendwann abgeschlossen sein. Ein Ereignis im eigentlichen Sinne, ein Geschehnis kann in unbestimmte Zeit hinein fortdauern, der Vorfall hat dagegen, wie die Begebenheit, sein selbstverständliches Ende. Allerdings kann dieses Ende viel unspektakulärer sein als sein Anfang, er kann fast unbemerkt verschwinden, sich z. B. in einen anderen Zustand auflösen.[1]

Meistens gehört zu dem Bericht von einem Vorfall – und ist es überhaupt ein Vorfall, wenn nicht, und sei es auch erst im Nachhinein, von ihm berichtet wird? – die Angabe von Ort und Zeit und sonstigen näheren Umständen, z. B. dem Namen, dem Alter und der sozialen Stellung der handelnden Personen oder derer, denen bei diesem Vorfall etwas »passiert« ist. Ein Vorfall kann sich zwar zunächst unbemerkt ereignen, doch dann wird irgendwann seine Wirkung sichtbar; es ist etwas geschehen, das für die Beteiligten seine, wenn vielleicht auch begrenzte Bedeutung hat.

Für den Berichtenden oder den direkt Involvierten ist

---

[1] Ein besonders deutliches Beispiel hierfür ist Kleists Erzählung *Die Marquise von O.* Während die eigentliche Geschichte des Vorfalls trotz dessen geheimnisvoller Unausdrücklichkeit breit berichtet wird, folgt am Ende die »Auflösung« knapp und fast wie nebenbei.

Vorfall

der Vorfall immer etwas Vergangenes. Einen zukünftigen Vorfall kann man sich zwar als möglichen, wahrscheinlichen oder unwahrscheinlichen Vorfall ausmalen, man kann ihn befürchten oder herbeiwünschen, aber *es gibt keinen* zukünftigen Vorfall. Ein zukünftiges Ereignis kann man mit Bestimmtheit erwarten, einen zukünftigen Vorfall nicht. In Kriminalerzählungen geht es oft um die Aufklärung eines fatalen Vorfalls. Zuweilen besteht dann, etwa bei der Suche nach einem Serienmörder, die Spannung der Handlung in der Antizipation eines *möglichen* nächsten Vorfalls, der allein als antizipierter in die Gegenwart hineinragt. Militärische Vorfälle in Friedenszeiten können sich in spannungsgeladenen Situationen zu kriegerischen Auseinandersetzungen ausweiten.

Der Vorfall hat stets einen umgrenzten Inhalt: Etwas Bestimmtes – Schreckliches, Erstaunliches, Wunderbares, oder auch Gewöhnliches – ist vorgefallen. Es ist *eingetreten*, in unsere Welt, in unsere Erfahrung, und hat damit etwas am Vorfindlichen verändert. Handelt es sich um einen Vorfall, so kommt es bei dem Bericht oder der Erzählung von ihm nur auf seine wesentlichen Grundzüge an, darauf, was wirklich geschehen ist und was bestimmte, meistens ungünstige Auswirkungen gehabt hat oder hätte haben können. Die Begleitumstände interessieren nur, insofern sie für den Vorfall selbst bedeutsam waren.[2]

*

Kafka ist ein Dichter der Vorfälle. Mehrfach treffen wir im ersten Satz seiner Erzählungen – einmal sogar schon im Untertitel – ausdrücklich auf einen *Vorfall*, der das Geschehen,

---

[2] Als »kritischer Vorfall« wird eine Situation in einem Gespräch bezeichnet, die für die Teilnehmenden unerwartet und überraschend eintritt.

das im Folgenden erzählt wird, einleitet. Und wo dieser nicht eigens als solcher genannt wird, steht er doch gewöhnlich unausdrücklich am Anfang. Es geschieht etwas, ohne allmähliche Hinführung, ohne Vorbereitung, ohne Ableitung des Ereignisses. Ein je nachdem merkwürdiger, unheimlicher, vielleicht nur scheinbar außergewöhnlicher Vorfall.

Eine alltägliche Verwirrung beginnt so: »Ein alltäglicher Vorfall: sein Ertragen ein alltäglicher Heroismus.« Es geht um den Bericht von einer Verabredung zweier Personen, deren Realisierung wegen verschiedener Mißgeschicke nicht zustande kommt. Es wird nicht darüber gesprochen oder phantasiert, daß ein solches Sich-Verfehlen in der Realität zuweilen vorkommt und wie damit umzugehen sei, sondern der Autor berichtet lediglich ganz sachlich davon, daß sich so etwas tatsächlich zugetragen hat und wie die Beteiligten reagiert haben.

In den *Forschungen eines Hundes* heißt es: »Ich erinnere mich an einen Vorfall aus meiner Jugend, ich war damals in einer jener seligen, unerklärlichen Aufregungen, wie sie wohl jeder als Kind erlebt … An sich war es nichts Außergewöhnliches …« Es geht um die Begegnung mit einer Gruppe von »entsetzlich Lärm« machenden Hunden. Ein Beobachter hätte das Ganze vielleicht gar nicht als besonderen Vorfall empfunden. Für das Kind war es ein eindrückliches Erlebnis, das durchaus den Charakter eines einmaligen Geschehens hatte.

Die Verwandlung beginnt ebenfalls mit einem Vorfall: »Als Gregor Samsa eines Morgens aus unruhigen Träumen erwachte, fand er sich in seinem Bett zu einem ungeheuren Ungeziefer verwandelt.« Diese unvorhersehbare und unerklärliche Verwandlung ist der eigentliche Vorfall. Der weitere Verlauf der Erzählung berichtet von der weiteren Entwicklung und den Folgen, die sich für Samsa und für seine Familie daraus ergeben.

Vorfall

Der Prozeß berichtet in seinem Beginn von einem Vorfall, der das weitere Leben des Prokuristen K. entscheidend bestimmen wird: K. wird, ohne wirklich zu begreifen, was geschieht, verhaftet. Das Geschehen wird ziemlich langatmig erzählt, und nicht wie ein begrenzter Vorfall. Dennoch spricht K. am Abend von den »Vorfällen des Morgens«. In seiner erinnernden Wahrnehmung hat das Geschehene den Charakter eines umgrenzten, weil einschneidenden Vorfalls bekommen, – bezeichnenderweise im Plural, weil es eben gar nicht als ein Eines, Bedeutsames zu erkennen war.

Selbst im *Schweigen der Sirenen* geht es um einen Vorfall, genauer um die implizite ironische Frage, ob dieser tatsächlich stattgefunden hat bzw. wie. Damit wird auch der Bericht selbst gewissermaßen zu einem Vorfall, insofern sich in ihm die Infragestellung der tradierten Geschichte vollzieht. Worum es geht, was also der eigentliche Vorfall ist, ist Odysseus' Vorbeifahrt an den Sirenen, – eine der Episoden der Odyssee, die in den Künsten seit Homer immer wieder neu die Phantasie angeregt haben. Die Sirenen wollten mit ihrem Gesang den heimfahrenden Griechen verführen. Doch Odysseus »stopfte sich Wachs in die Ohren und ließ sich am Mast festschmieden.« So wie Kafka die Geschichte erzählt – wobei er sich allerdings auf eine fiktive Überlieferung beruft –, halfen aber nicht diese im Grunde unzureichenden Mittel, sondern das übergroße Vertrauen, das er in sich und »seine Mittelchen« setzte.

Jetzt aber gibt Kafka dem Vorfall eine unerhörte Wendung. »Tatsächlich« haben, so Kafka, die Sirenen angesichts dieser großen Herausforderung *nicht* gesungen, vielmehr geschwiegen. Odysseus jedoch »hörte ihr Schweigen nicht«. Damit dreht sich der Sinn, die »Absicht« der Geschichte gewissermaßen um. Verführt werden jetzt die Sirenen, die angesichts der herrlichen Entschlossenheit des Odysseus fast vergehen müssen. Kafka spielt mit dem Vorfall, kehrt ihn um, nimmt ihm seinen überlieferten Sinn. Und er tut dies am Schluß noch ein weiteres Mal. Wenn auch nur in der Weise eines Hinter-Gedankens im wörtlichen Sinn, nämlich eines Hören-Sagens, fügt er noch eine weitere radikale Umkehr an. Odysseus, »sagt man«, hat möglicherweise sein Nicht-Hören nur vorgespielt.

Der Vorfall-Charakter der Vorbeifahrt an den Sirenen wird in Kafkas Umgang mit ihr einerseits betont, andererseits ad absurdum geführt. Es handelt sich um ein begrenztes, einmaliges Vorkommnis, das von einer langen Tradition überliefert wurde und das als tradiertes aufgenommen und berichtet wird. Die Betonung der Tradition und ihre teilweise Umwandlung zeigt aber zugleich eine gewisse Distanz des Berichtenden zu dem Vorfall.

*

Besonders reich an Vorfällen – sowie an Zwischenfällen und Zufällen – sind die Erzählungen von Kleist.[3] Auch bei ihm wird der Vorfall häufig knapp und voraussetzungslos in den ersten Sätzen genannt. Und auch hier kommt der »Vorfall« bereits im Titel einer »Erzählung« vor: *Der Charité-Vorfall*. Einige Erzählungen, wie z. B. *Der Findling*, beinhalten eine ganze Reihe unterschiedlicher, sich zum Gesamtinhalt zusammenfügender Einzelvorfälle, die je ihren eigenen in sich geschlossenen Verlauf nehmen. Sehr häufig beinhalten die Berichte und Anekdoten Kriminalfälle. In der Tat handelt es sich bei diesen ja sehr oft um besondere Ereignisse, zu einer bestimmten Zeit, an einem bestimmten Ort und vor allem mit einem bestimmten Urheber. Die Kombination dieser

---

[3] Vgl. im Übrigen auch seine Dramen, wie z. B. *Der Prinz von Homburg*, wo der Ungehorsam des Prinzen durchaus als unglückseliger Unfall angesehen werden kann.

Momente – gemeinsam mit einem bestimmten Motiv – machen jeweils den betreffenden Vorfall aus.

Streng genommen geht es auch im *Charité-Vorfall* um kriminelle Taten, nämlich von verschiedenen Ärzten verursachte Verkehrsunfälle mit teilweise schweren Verletzungen eines Mannes. Aber es kommt hier auf diese Taten gar nicht an. Der Vorfall erhält seine Besonderheit vielmehr dadurch, daß er aus verschiedenen, in ihrer Häufung gänzlich unwahrscheinlichen Einzelfällen besteht, die, wie in dem fast übertrieben trockenen Bericht allmählich ans Tageslicht kommt, alle, über die Jahre verteilt, ein und derselben Person passieren.

Im Gegensatz etwa zu den Kalendergeschichten von Hebel, in denen sehr oft eine »Moral von der Geschicht'« (Wilhelm Busch) angefügt wird, beschreibt Kleist seine Vorfälle meist kommentarlos. Eine Ausnahme ist der Dornauszieher in *Über das Marionettentheater*, der von vorneherein als Beispiel und Bekräftigung einer These angeführt wird.

*

Der Vorfall ist zumeist etwas, das nicht hätte geschehen sollen oder dürfen, ein antisemitischer Vorfall, eine sexuelle Belästigung oder sonst eine Attacke, von der zu berichten ist. Der Bericht in den Medien gehört gewissermaßen zum Vorfall selbst hinzu. Die Lokalteile der Zeitungen sind gewöhnlich voll von in irgendeiner Hinsicht bemerkenswerten Vorfällen – im Sicherheitsbereich, im Sport, im Verkehr, im Kunstbetrieb, im öffentlichen oder auch im privaten Bereich. Daß jeweils etwas vorgefallen ist, heißt, daß im alltäglichen Ablauf etwas Ungewöhnliches eingetreten ist, etwas Störendes oder Bedenkliches oder Merkwürdiges.

Ingeborg Bachmann hat einmal in Bezug auf die Wendung »Mir sind die Augen aufgegangen« bemerkt: »Wir sagen das nicht, weil wir eine Sache oder einen Vorfall äußerlich wahrgenommen haben, sondern weil wir begreifen, was wir doch nicht sehen können.« Der Vorfall ist etwas Äußerliches, Zufälliges. Seine Wiedergabe in der Dichtung verdankt ihren widersprüchlichen Reiz zum Teil gerade dieser Äußerlichkeit, die eine besondere, scheinbar unpoetische Nüchternheit und Sachlichkeit verlangt.

fällig

Fällig ist, was an der Zeit ist, was zu einem bestimmten Zeitpunkt anfällt und wofür es jetzt Zeit ist. Zumeist sind es Zahlungen und sonstige Leistungen, die irgendwann fällig werden. Rechnungen, Wechsel, Dividenden haben ihren Termin, an dem sie zu zahlen sind. Aber auch für anderes kann es »die Zeit« oder »an der Zeit« sein. Es wurde entweder länger erwartet und war dann, als es eintrat, längst fällig, oder es zeigt sich im Nachhinein, daß es vielleicht schon früher hätte kommen sollen, jedenfalls aber jetzt fällig ist. Eine Entschuldigung oder eine Danksagung, aber auch eine Strafe können in diesem Sinne als fällig angesehen werden.

Mehrfach ist mir die fällige Ohrfeige begegnet. Am gewichtigsten bei Benjamin, der zu der Zeit der Nichtanerkennung seiner Habilitationsschrift in Frankfurt in einer später nicht veröffentlichten Vorrede zum Trauerspielbuch (1926) das Märchen von Dornröschen umschrieb. Dabei wird der Koch, der in der ursprünglichen Erzählung nur eine, wenn auch ausdrucksstarke Arabeske darstellt, zum eigentlichen Akteur: »Der Koch hat es aufgeweckt [also nicht der Prinz mit seinem Kuß], als er dem Küchenjungen die Ohrfeige gab, die schallend von der aufgesparten Kraft so vieler Jahre durch das Schloß schallte. Ein schönes Kind schläft hinter der dornigen Hecke der folgenden Seiten. Daß nur kein Glücksprinz im blendenden Rüstzeug der Wissenschaften ihm nahekommt. Denn im bräutlichen Kuß wird es zubeißen. Vielmehr hat sich der Autor, es zu wecken, als Küchenmeister selbst vorbehalten. Zu lange ist schon die Ohrfeige fällig, die schallend durch die Hallen der Wissenschaft gellen soll. Dann

fällig

wird auch diese Wahrheit erwachen, die am altmodischen Spinnrocken sich gestochen hat, als sie, verbotnerweise, in der Rumpelkammer einen Professorentalar sich zu weben gedachte.«[1] Was hier offenbar fällig war, ist die Kritik an der akademischen Wissenschaft, bzw. eine neue, offene Wissenschaft, die sich der Zwänge, des »blendenden Rüstzeugs« akademischer Traditionen entledigt hätte.

Das Schicksalshafte der Fälligkeit wird in Kästners Gedicht *Spaziergang nach einer Enttäuschung* deutlich. Ich führe nur wenige Strophen an:

> Da hätte mich also wieder einmal
> eine der hausschlachtenen Ohrfeigen ereilt,
> die das eigens hierzu gegründete Schicksal
> in beliebiger Windstärke und Zahl
> an die Umstehenden gratis verteilt.
>
> Na schön. Der Weg des Lebens ist wellig.
> Man soll die Steigungen nicht noch steigern.
> Es war mal wieder eine Ohrfeige fällig.
> Ich konnte die Annahme schlecht verweigern.
> …
> Das Schicksal wird mich noch öfter äffen
> und schlagen, wie es mich heute schlug.
> Vielleicht wird man durch Schaden wirklich klug?
> Mich müssen noch viele Schläge treffen,
> bevor mich der Schlag trifft!

---

[1] Den entscheidenden Satz hat Achim Geisenhanslüke als Titel für einen Beitrag in der Deutschen Vierteljahresschrift für Literaturwissenschaft und Geistesgeschichte verwendet: »*Zu lange ist schon die Ohrfeige fällig, die schallend durch die Hallen der Wissenschaft gellen soll*«. Zum Widerstreit von Philologie und Philosophie in Friedrich Nietzsches Geburt der Tragödie und Walter Benjamins Ursprung des deutschen Trauerspiels.

Das dritte Zitat zur fälligen Ohrfeige stammt aus dem Roman *Betty* von Georges Simenon: »Bis zu diesem Augenblick hatte sie die Zeit damit verbracht, davonzulaufen. Sie wußte, was das bedeutete. Sie kannte sich nur zu gut. Diese Ohrfeige, die schon längst fällig war, hatte sie mit einem Mal in die Wirklichkeit zurückgeworfen.« Wie in dem Gedicht von Kästner, aber im Grunde auch in Benjamins Äußerung, bedeutet auch hier die Behauptung, daß etwas fällig war, daß es in gewissem Sinne vorausbestimmt war, daß es im Schoße des Schicksals darauf gewartet hat zu geschehen. Es erscheint nicht zufällig, sondern es war gleichsam schon auf dem Weg zu seiner Realisierung, und zwar zu einer Realisierung, die gebührend oder notwendig war. Es geschah nicht einfach, sondern es wurde Zeit, daß bei Benjamin die »Wahrheit« »erwachte«, daß bei Kästner das Schicksal den Schlag einer herben »Enttäuschung« schickte, daß Simenons Betty »in die Wirklichkeit zurückgeworfen« wurde.

Auch im Hinblick auf das eigene Tun und auf eigene Entscheidungen haben wir manchmal den Eindruck, daß es *an der Zeit* sei, daß wir uns so und so verhalten. Was da fällig ist, ist von uns selbst gefordert, wir können auf kein gütiges Schicksal warten. Vielmehr scheint es umgekehrt die Zeit selbst zu sein, die etwas von uns erwartet. Wenn etwas in diese Sinne fällig wird, sind wir in paradoxer Weise *gefordert*, etwas *selbstbestimmt* zu tun, – vielleicht, wie man sagt, uns etwas einfallen zu lassen.

Einfall, einfallen

Mir ist gerade eingefallen, daß ... Was geschieht da, wenn einem etwas einfällt? Von wo fällt etwas ein, und wohinein? Fällt es ein wie der Feind ins heimatliche Land, oder wie Krähen auf dem herbstlichen Feld? Wer läßt es da einfallen? Und warum jetzt? Gewöhnlich sind die Einfälle plötzlich. Einen Gedanken, zu dem man durch Überlegungen gelangt, nennt man nicht »Einfall«; eben dies gehört zum Einfall, daß er *unversehens* einfällt. Insofern ist es mit ihm ähnlich wie mit dem Zufall, den man auch nicht kommen sieht.[1] Und den man auch nicht herbeirufen kann. Ich kann mich nicht dazu zwingen, daß mir etwas einfällt.[2] Auf Englisch heißt es: it occured to me, it came into my mind. Auch diese Wendungen

---

[1] Zum Verhältnis von Einfall und Zufall meint dagegen Wolfram Pfreundschuh: »Der Einfall ist das Gegenteil von Zufall. Was zu fällt, ist alles, was niemandem einfällt. Wo Zufall herrscht, entsteht keine Lebensvielfalt, da Zufall nicht notwendig Leben ist. Es mag eine Zeugung Zufall sein, das Leben erst wird bestätigen, was sie wirklich war. Wem nichts mehr einfällt, der wird auch viel Einfältigkeit erzeugen. Insofern ist der Einfall auch das Einzige was Einfalt wirklich ausschließt.« Pfreundschuh betont im Übrigen die Gesellschaftlichkeit der Einfälle: »Der Einfall macht auch in seinem individuellsten Sein Gesellschaft aus, ob als Ereignis des Gefühls oder der Arbeit oder der Reflexion. Wird diese Beziehung gewaltsam abgeschnitten (z.B. bei Deprivation), so versiegen auch die Einfälle und der Mensch gerät in Siechtum und Barbarei«. *(Zur politischen Kultur des Feudalkapitalismus (III): Der Algorithmus, der die Welt beherrscht)*
[2] Man sagt zwar in gewissen Situationen: da muß ich mir etwas einfallen lassen; aber im strengen Sinn ist das dann kein Einfall.

Einfall, einfallen

machen deutlich, daß mir etwas geschieht, daß – offenbar ohne mein Zutun – etwas zu mir *kommt*.

Woher kommt der Einfall? Es ist hier nicht der Ort, dies im Rahmen und in der Art einer traditionellen Erkenntnistheorie oder einer modernen Geistesphilosophie zu erörtern. Es geht nicht um die Frage, wie wir generell zu Gedanken, Ideen, Einfällen kommen, überhaupt Gedanken, Ideen, Einfälle haben können. Ich möchte vielmehr bewußt machen, wie wir das *erfahren* und wie wir davon *sprechen*, wenn uns etwas einfällt oder wenn wir einen Einfall haben.

Es mag sinnvoll sein, gerade von dem Unterschied zwischen den letzteren beiden Formulierungen auszugehen. Die erste Wendung, daß *uns etwas einfällt*, ist weiter und weniger streng als die zweite, die sagt, daß wir einen Einfall *haben*. Es kann uns auch etwas *wieder* einfallen, und das ist dann etwas, das wir erinnern und worauf wir uns besinnen, an das wir uns bis zu einem Grad willentlich erinnern können. Eine Begegnung, ein Name, ein Ereignis, die uns entfallen sind, können uns oftmals – zuweilen nach einiger Zeit – wieder ein-fallen, von selbst, bei einer bestimmten Gelegenheit oder wenn wir angestrengt nachdenken. Wir können – etwa am *Tag der Erinnerung und Mahnung* – uns selbst und uns miteinander bewußt auf unsere Geschichte besinnen. Oder mir kann plötzlich einfallen, daß ich dieses oder jenes dringend tun wollte. Auch hier gibt es das erwähnte Moment des »unversehens« und des Mir-zufallens, aber was da einfällt, kommt aus einem bereitliegenden Schatz des Gedächtnisses, mit Hegel gesagt, aus dem »nächtlichen Schacht, in welchem eine Welt unendlich vieler Bilder und Vorstellungen aufbewahrt ist, ohne daß sie im Bewußtsein wären.«[3] (Hegel, *Enzyklopädie*, §453)

---

[3] Vgl. auch ib.: »Es ist also andrerseits die Intelligenz als dieser *bewußt*-

Wenn wir dagegen (substantivisch) von einem *Einfall*, den wir haben, sprechen, dann meinen wir, daß ein Gedanke, die Lösung eines Problems, ein »Geistesblitz« von außen auf uns zukommt, uns gewissermaßen überfällt. In vielen Erzählungen von berühmten Erfindungen und wissenschaftlichen Einsichten wird dieses Moment des Plötzlichen, Unvorhersehbaren hervorgehoben. Der Einfall ist nicht das Resultat intensiver Suche und diskursiver Erkenntnisprozesse, sondern er ist einfach da, wie vom Himmel gefallen. Heidegger erinnert an Nietzsches Bemerkung über die Gedanken, die »mit Taubenfüßen« kommen[4]; eben dies ist die Eigenart vieler Einfälle. Sie sind verwandt mit Improvisationen, Intuitionen, freien Assoziationen, Inspirationen, schöpferischen Ideen, sogar Phantasien.

Oftmals spricht man von »genialen Einfällen«. Das künstlerische *Genie* hat Einfälle, die es nicht bewußt und durch Fleiß hervorbringen kann. Zur Zeit des »Geniekults« im 19. Jahrhundert kam den Einfällen eine große Bedeutung zu. Im Jahr 1891 erörtert z. B. Oskar Panizza in einem Vortrag die Besonderheit der künstlerischen Eingebung gegenüber dem Finden einer wissenschaftlichen Problemlösung. Er betont, daß die erstere wie »das Eintreten des genialen Augenblicks als etwas Neues, Plötzliches und Fremdartiges aufgefaßt wird«. »Der geniale Einfall ist ein freiwillig geleistetes Geschenk der betreffenden Geistesanlage, an ihren eigenen Besitzer, unvermittelt, unerwartet, zufällig, wie von außen kommend, so daß der Betreffende selbst überrascht ist.« (*Genie und Wahnsinn*, 76)[5] Über den Bereich des Künst-

---

lose Schacht, d. i. als das *existierende* Allgemeine, in welchem das Verschiedene noch nicht als diskret gesetzt ist, zu fassen.«

[4] *Was heißt Denken?*, 70.

[5] »Bekannt ist die Gewohnheit vieler genialer Menschen, plötzliche Einfälle mit einigen wenigen Notizen zu Papier zu bringen, aus Furcht, sie möchten ihnen entfallen. Und diese Furcht ist begründet. Hebbel erzählt,

lerischen und Genialischen hinaus gelten diese Kennzeichnungen überall da, wo wir im strengen Sinn von einem *Einfall* sprechen.[6]

Der Einfall – ein fremdartiges *Geschenk*. Unser auf Ursache und Wirkung geeichtes Bewußtsein meint das Geschenk oftmals nicht als solches stehen lassen zu können und sucht statt dessen nach einem Geber (und nach seinem Motiv). Das Konzept des sokratischen *daimon*, des *Zuteilers*, der dem Denkenden die Ideen eingibt, mag zum Teil in diese Richtung gehen.

Die Einfälle erscheinen dann als – freundliche oder unfreundliche – Eingebungen einer wie auch immer beschaffenen Instanz, die die Schicksalsbestimmung eines Menschen repräsentiert. Dagegen scheint mir das Schöne am Einfall gerade zu sein, daß er ein zufälliges Geschenk ist, ohne Grund und Herkunft – reine Gabe.

Durch drohend dunkle Wolken fällt plötzlich ein Sonnenstrahl. Der Lichteinfall läßt die Erde erglänzen, zeichnet eine lechtende Bahn auf das Meer. Er geht zwar, rational betrachtet, auf eine »Lichtquelle« zurück, aber als reine Gabe ist er wie der Einfall einer Idee, die einfachhin dem zufällt, der ihn wahrnimmt.

---

er habe mit dem größten Erstaunen Notizen in seinen Tagebüchern gefunden, die ihm nicht nur entfallen, sondern vollständig fremd vorkamen; die er gleichsam nur durch die Schrift erkannte.« (a.a.O., 97)

[6] Das Zufälligsein gehört auch in den Zusammenhang der Frage nach den Innovationen in der industriellen Produktion: »Der Zufall ist aber der Feind der Planung und damit unbeliebt im Management. Die Vergangenheit gibt ihm aber recht: Penicillin, Laser- und Röntgentechnik, das Internet, die Post-its – sie waren Zufallsprodukte. Der Zufall ist der Freund der Innovation, man muss ihn nur erkennen können. Mehr Zufälle bedeuten mehr Ideen, mehr Ideen bedeuten mehr Innovationen.« (Ulf Pillkahn, *Innovationsforschung. Wie der Zufall zur Innovation wird*).

Der Einfall ist Ein-gebung. Max Weber gebraucht beide Begriffe synonym, wenn er betont, daß die Wissenschaft[7] über die »harte Arbeit«, z. B. des »ganz kalten Rechnens«, hinaus des *Einfalls* bedarf.[8] Es »muß dem Menschen etwas – und zwar das Richtige – *einfallen*, damit er irgend etwas Wertvolles leistet. Dieser Einfall aber läßt sich nicht erzwingen. Mit irgendwelchem kalten Rechnen hat er nichts zu tun.« Und: »er kommt, wenn es ihm, nicht, wenn es uns beliebt. (*Wissenschaft als Beruf,* 483)

Wie bei jedem Geschenk kommt es auch bei dem Geschenk des Einfalls darauf an, daß man es in der rechten Weise aufnimmt. Erst ein Geschenk, mit dem man etwas anzufangen weiß und das einem etwas sagt, erweist sich als ein wahres Geschenk.[9] Dazu gehört im Falle des Einfalls noch die Frage oder Prüfung, ob er überhaupt sinnvoll ist, z. B. ob er in den jeweiligen realen Zusammenhang paßt, ob man sich wirklich auf ihn einlassen, damit »arbeiten« kann. Dafür muß man seinerseits bereit und sozusagen auf der Höhe des Einfalls sein: Es mag sein, daß der Einfall zu früh oder auch zu spät kommt oder daß er zwar etwas Verführerisches an sich hat, aber gleichwohl den Gegebenheiten nicht angepaßt ist, ein unsinniger, vielleicht ein wahnwitziger Einfall.

Das Verhalten zu den eigenen Einfällen ist in gewissem Sinne kommunikativ. Einerseits gilt es, aufnehmend, rezeptiv, aufmerkend und hörend zu sein. Aber zugleich muß man dabei auch aktiv, tatsächlich auf-*nehmend*, kritisch abwägend und zugreifend sein, ohne daß das dem Einfall seine Fremdartigkeit und seinen Geschenkcharakter nähme. Der Einfall und was dabei herauskommt, wenn wir uns auf ihn einlassen,

---

[7] Streng genommen nicht nur die Wissenschaft, sondern auch jede ernsthafte Arbeit, wie in besonderer Weise auch die Kunst.
[8] Neben der Leidenschaft.
[9] In diesem Sinne ist ein Danaergeschenk kein wahres Geschenk, sondern lediglich eine verhängnisvolle Gabe.

Einfall, einfallen

Einfall, einfallen

wird, weil er von außen her zu uns gekommen ist, weil wir ihn nicht selbst produziert haben, nie ganz unser Eigentum. Wir haben das, was uns der Einfall eingibt, nicht geplant. Seine Spontaneität hat keine Geschichte im Rücken, ist als solche nicht begründet oder verursacht, sondern taucht einfach auf, ist einfach da.

Es gibt bestimmte Geistes- oder Bewußtseinszustände, in denen einem eher als sonst besondere Einfälle kommen.[10] Fritz Heidegger schrieb einmal an seinen Bruder Martin, daß ihm »die besten Einfälle [für seine humoristischen Fastnachtansprachen] während einer düsteren, schwermütigen Stimmung« kämen, »wenn sie verbunden ist mit dem Gefühl der Tragik oder dem der Erhabenheit in irgendeiner bestimmten Sache« (*Martin und Fritz Heidegger. Briefe*, 18). In solchen Stimmungen ist der Intellekt sozusagen nicht eingeschaltet.

Einfälle können ungehindert auftreten – wie Sternschnuppen. Dieses letztere Bild stammt von Karl Otto Jung. Er schreibt, daß die künstlerischen Einfälle, um zu geschehen, eines »Anderen« bedürfen, eines »Stoßes«, der sie in Gang bringt. »Dieses Andere ist schwer zu bestimmen, weil es wissenschaftlich nicht bestimmbar ist. Dieses Andere, der Stoß, ist gleichsam wie eine Sternschnuppe. Diese leuchtet auf, verglüht und ist verschwunden.« (*Künstlerisches Handeln. Bausteine zur Lehre in den bildenden Künsten*, 61) Genauer ist der Einfall mit seinem Aufleuchten jedoch nicht verschwunden, sondern kann sich jetzt erst entfalten bzw. entfaltet werden. Bedeutsam bei diesem Bild ist, daß der Einfall wie die Sternschnuppe »aus dem Nichts« kommt. Für un-

---

[10] Solche Zustände können bewußt herbeigeführt werden. In ihrem Artikel *Das sind die Rituale genialer Menschen* berichtet Gesa Schölgens: »David Lynch trank sieben Jahre lang täglich im Café einen Milchshake und bis zu sieben Tassen Kaffee mit reichlich Zucker: ›Der ganze Zucker versetzte mich in einen Rausch, und mir kamen unendlich viele Ideen.‹ Diese Einfälle notierte er auf einer Serviette.«

sere alltägliche Erfahrung ist das Woher des Einfalls in der Tat ein Nichts, das außerhalb unserer Reichweite liegt. Man ist insofern »über die Herkunft selbst im Zweifel und nennt es Einfall; das Wort Einfall, von außen hereinfallen, verlegt ja auch die Quelle des Ereignisses nach außen«. (Oskar Panizza, Sämtliche Werke, *Genie und Wahnsinn*, 6)

Psychoanalytisch gesehen – das soll hier nur erwähnt werden – ist dieses Nichts der Raum des Unbewußten. Freuds analytische Methode beruht, vereinfacht gesagt, darin, Einfälle schlicht kommen zu lassen. In der möglichst ungehindert gehaltenen Aufmerksamkeit der analytischen Situation tauchen in »freier Assoziation« Einfälle auf, die sich keiner bewußten Reflexion oder willkürlich produzierten Vorstellung verdanken. »Um sich dieser Einfälle zu bemächtigen, fordert er [Freud] die Kranken auf, sich in ihren Mitteilungen gehenzulassen, ›wie man es etwa in einem Gespräche tut, bei welchem man aus dem Hundertsten in das Tausendste gerät‹«, so schreibt Freud selbst in *Die Freudsche psychoanalytische Methode*. Die Redewendung »das wäre mir nicht im Traum eingefallen« impliziert in der Überbetonung, daß das Kommen von Einfällen wie das Kommen von Träumen ist, ungesteuert und unsteuerbar, ein Einbruch des Unbewußten bzw. aus dem Unbewußten in die reale Wirklichkeit.

Bei Hegel finden wir bezeichnenderweise eine zwiespältige Einschätzung des Einfalls. Zum einen ist dieser als ein menschlich Hervorgebrachtes »höher« zu schätzen als alles bloß Natürliche. »Ja formell betrachtet, ist selbst ein schlechter Einfall, wie er dem Menschen wohl durch den Kopf geht, höher als irgendein Naturprodukt, denn in solchem Einfalle ist immer die Geistigkeit und Freiheit präsent.« Zwar können Einfälle »schlecht« und »schief« sein, zufällig und vorübergehend, aber gleichwohl sind sie im Gegensatz zur »Naturexistenz« aus einem Stoff, der »in sich frei und selbstbewußt« ist. (*Vorlesungen über die Ästhetik*, 20)

Auf der anderen Seite aber sind sie gleichwohl bloße Einfälle. Sie entstammen, so sagt Hegel in anderem Zusammenhang, einem »ungeregelten Denken« und sind insofern »für sich zufällig«. Sie ergeben sich nicht mit Notwendigkeit aus der Sache selbst und müßten deshalb eigentlich von deren adäquater Darstellung ferngehalten werden, »wenn das Denken sich aus ihm selbst entwickeln sollte.« »Aber die eigentümliche Unruhe und Zerstreuung unseres modernen Bewußtseins läßt es nicht anders zu, als gleichfalls mehr oder weniger auf nahe liegende Reflexionen und Einfälle Rücksicht zu nehmen«. (*Wissenschaft der Logik*, 2. Vorrede, 20)[11]

*

Erde, du liebe, ich will. [...
...]
Namenlos bin ich zu dir entschlossen, von weit her.
Immer warst du im Recht, und dein heiliger Einfall
ist der vertrauliche Tod.

Siehe, ich lebe. Woraus? Weder Kindheit noch Zukunft
werden weniger ..... Überzähliges Dasein
entspringt mir im Herzen.
(Rilke, *9. Duineser Elegie*)

»Und dein heiliger Einfall ist der vertrauliche Tod.« Das Du dieser Anrede ist die Erde, – die Erde der vertrauten Dinge und des Hierseins. Die Anrede entspricht einem Anspruch,

---

[11] Hegel fährt fort: »Ein plastischer Vortrag erfordert dann auch einen plastischen Sinn des Aufnehmens und Verstehens; aber solche plastische Jünglinge und Männer, so ruhig mit der Selbstverleugnung *eigener* Reflexionen und Einfälle, womit das *Selbst*denken sich zu erweisen ungeduldig ist, nur der Sache folgende Zuhörer, wie sie *Plato* dichtet, würden in einem modernen Dialoge nicht aufgestellt werden können«.

den die Erde an das Ich stellt, nämlich ihr selbst und den sichtbaren Dingen einen unsichtbaren Ort zu geben.[12] Der von der Erde Angesprochene[13] überantwortet sich mit seinem ganzen Sein dem ihm Aufgegebenen. Er ist entschlossen »von weit her«, – das weist darauf hin, daß er alle spezifischen Absichten und Bekümmerungen hinter sich gelassen hat und sich ganz und gar auf das einzulassen bereit ist, was auf ihn wartet. Der weite Raum, in dem er sich der Erde anheimgibt, hat seine Koordinaten verloren, Diesseits und Jenseits fallen ineinander, Vergangenheit und Zukunft berühren sich. Oder anders gesagt, die bedingungslose Übergabe an die Erde löscht die Gegensätze aus: das Innere und das Äußere, das Profane und das Heilige, das Fremde und das Vertraute, das Lebendigsein und der Tod, – sie alle fallen in eins und sind ineinander.

»Und dein heiliger Einfall ist der vertrauliche Tod.« Was bedeutet es, von einem *Einfall der Erde* zu reden? Der *heilige Einfall* könnte einen doppelten Sinn haben, d.h. in eine zweifache Richtung weisen. Zum einen: wenn die Erde einen Einfall hat, wenn ihr ein vielleicht herrlicher, gänzlich ungewöhnlicher Gedanke kommt, so bedarf sie dazu des denkenden Wesens, das der Mensch, genauer: der Dichter ist. Der ungewöhnliche Einfall der Erde ist der sterbliche Mensch, der, eben darum, weil er den Tod, »des Lebens abgekehrte Hälfte« (Brief v. 6. Januar 1923), in sich trägt, mit jener Einstimmigkeit von Tod und Leben den Ort für die Unsichtbarkeit des Sichtbaren darzubieten vermag. Der Einfall der Erde ist die Existenz, das Dasein des Menschen, der sich darum

---

[12] Da es hier eigentlich nur um den »Einfall« geht, gebe ich keine Interpretation dieser Zeilen, sondern versuche lediglich die Bedeutung dieses merkwürdigen Einfalls der Erde etwas deutlicher werden zu lassen.
[13] Das Du der Erde, das eben als solches die Erde ihrerseits zu seinem Du machen kann.

Einfall, einfallen

immer schon selbst übersteigt, weil er jener Ort ist, an dem das Nennen und Sagen der einfachen Dinge und damit der Erde selbst geschieht: »Haus, Brücke, Brunnen, Tor, Krug, Obstbaum, Fenster, – höchstens Säule, Turm« (9. Duineser Elegie).

Wir können den Einfall allerdings auch noch etwas anders verstehen. Er ist auch die Weise, wie der Anspruch der Erde in das Dasein des Menschen einfällt wie ein Sonnenstrahl, der das Finstere erhellt und die Umrisse und Schatten sichtbar macht. Das Heilige scheint als Überhöhung ein Gegensatz zur Erde zu sein. Doch indem sie einfällt in das dichterische Aufmerken, wird sie selbst zu einem Heiligen. Der Tod wird in diesem Einfallen und durch dieses Einfallen vertraulich. Nicht nur vertraut, sondern vertraulich. Das Vertraulichsein geht vom Anderen aus, es holt den Menschen gewissermaßen in seinen Bereich und den Umgang mit ihm hinein. »... ihr sollt«, schreibt Rilke im Kriegsjahr 1914, »als die, die ihr jetzt seid, den leidenschaftlichen Umgang des Todes hinnehmen und seine Vertraulichkeit erwidern«.[14] Der Tod geht vertraulich mit den Menschen um, und an ihnen ist es, sich ihm in und mit ihrem Leben anzuvertrauen.

---

[14] *Gedichte in Prosa und Verwandtes,* 1150. Rilke fährt fort: »denn was wißt ihr von seiner Liebe zu euch? ... Erhebt eure Augen und *kennt* sie *nicht;* schafft ein Hohles um sie mit der Frage eurer Blicke; hungert sie aus mit Nichtkennen! Und plötzlich, in der Angst nicht zu sein, wird euch das Ungeheuere seinen Namen schrein und wegsinken.«

verfallen (jemandem)

Bei verschiedenen Mitgliedern der Wortfamilie »fallen« begegnen wir dem Moment des »von sich aus« oder »aus sich heraus«, das in merkwürdiger Weise sowohl einen Charakter des Aktiven wie des Passiven in sich enthält. *Aktiv*, insofern der Einfall, der Zufall, der Verfall nicht von einem anderen als dem jeweils Einfallenden, Zufallenden, Verfallenden her verursacht werden. *Passiv* aber doch, weil jeweils etwas geschieht, das nicht eigens gewollt und aktiv herbeigeführt wird. Vielleicht ist dies das Gemeinsame, das das Fallen seinen wichtigsten Komposita und Ableitungen mitgibt. (Allerdings bei weitem nicht allen: der Einfall in Feindesland, der Überfall, der Beifall sind eindeutig aktiv. Und andere »Fälle«, wie der Wasserfall, der Zwischenfall, der Wechselfall, auch der Durchfall, haben wenig mit dem Begriffspaar »aktiv-passiv« zu tun.)

Auch der Zustand des *Verfallenseins an einen anderen Menschen oder an eine Sache*, das mit dem Dativ gebrauchte *Verfallen*, weist diesen Doppelcharakter auf, wenngleich das passivische Moment hier wohl das stärkere ist: ein freies Seinlassen des Anderen hat, wenn der eine dem anderen verfallen ist, für beide Seiten kaum mehr einen Raum, in und aus dem her es sich entfalten könnte. Gleichwohl gibt es da auch eine Komponente des Sich-fallen-lassens, des Sich-anheimgebens an das Verfallensein.

So wie hinter dem Verfallensein kein ausdrücklich eigenes Wollen des Verfallenen steht, ist es oftmals auch von dem Anderen, dem er verfallen ist, nicht gewollt. Es kann zwar etwaigen Machtgelüsten entgegenkommen, aber es kann

verfallen (jemandem)

auch als eher unangenehm empfunden werden oder als unangemessen, wie wir es bei Rilke in einem der Gedichte aus seinem Briefwechsel in Gedichten mit Erika Mitterer (Juli 1924) lesen:

> Nein, Du sollst mir nicht verfallen sein
> in den schwülen Liebeszimmern;
> sieh, wie meine Wege ziehn und schimmern
> in dem Glanz von Deinem Feuerschein.

Das Verfallensein wird häufig in Bezug auf das Verhältnis von Menschen gebraucht, wobei es zumeist eine sexuelle oder erotische Bedeutung hat. Aber man kann auch einer Idee verfallen oder dem Alkohol, der Spielleidenschaft, dem Laster. Jemandem oder etwas verfallen zu sein bedeutet jeweils, daß man seinen eigenen Willen und seine Freiheit eingebüßt hat, daß man sich sozusagen von selbst, schicksalhaft, dem Anderen unterworfen hat. Dieses Verfallen ist mit dem totalen Anheimfallen und dem Hörigwerden verwandt. Der Verfallene gehört nicht mehr ganz sich selbst, er ist abhängig und willenlos gegenüber einem fremden Willen, einer fremden Verfügung oder Sache oder Leidenschaft, die Macht über ihn gewonnen hat.

Weil es den Verlust der eigenen Souveränität bedeutet, wird das Verfallensein gewöhnlich negativ, sogar als ein Fluch gesehen. Man ist wie verhext und erscheint auch den anderen so.[1] Weil der Liebende sein Überfallensein von der Liebe doch zugleich auch als einen wundervollen Zauber er-

---

[1] Vgl. z. B. *Sprüche der großen Herzensfreude* (aus dem Papyrus Chester Beatty):
> »Wie pocht mein Herz so schnell, denk ich an meine Liebe zu ihm!
> Es läßt mich nicht wie ein Mensch gehen, es hüpft an seinem Platz.

leben kann, hat es gleichwohl etwas Zwiespältiges an sich, wie man es in dem Liebesgedicht des Großmoguls Zahir al-Din Muhammad Babur (1483–1530) heraushören kann:

> Seit ich der Liebe verfiel, bin ich
> dem Wahnsinn zur Beute
> Sie aber wirkt's, sie schickt
> Verzauberten Not.

Babur erlebt seine Liebe zu dem Jüngling Baburi, von der er in seiner Autobiographie *Baburnama* schreibt – »Bis dahin hatte mich noch nie eine solch heftige Leidenschaft für einen Menschen ergriffen« –, sowohl als Verzauberung wie auch als Not, aber wohl kaum als Fluch. Er bezeichnet den Geliebten als Dieb seines Herzens. »Mein Herumschweifen war nicht von mir gewollt und ich konnte nicht entscheiden, ob ich gehen oder bleiben sollte.«[2]

> Es läßt mich nicht das Hemd anziehen und hindert mich, den Fächer zu greifen.
> Es läßt mich keine Schminke an meine Augen legen und hält mich ab, mich zu salben.
> ›Halte dich nicht auf, damit du das Ziel erreichst‹, sagt es mir, so oft ich an ihn denke.
> Begeh mir, mein Herz, keine Dummheiten, weshalb willst du mir Kummer machen?
> Bleibe ruhig, der Geliebte kommt zu dir, aber zugleich auch die Augen der Menge.
> Laß die Leute nicht über mich sagen: ›Eine Frau, die der Liebe verfiel!‹
> Bleibe fest, wann immer du an ihn denkst, mein Herz, poche nicht so!«

[2] »In that maelstrom of desire and passion, and under the stress of youthful folly, I used to wander, bareheaded and barefoot, through streets and lanes, orchards and vineyards ... Sometimes, like mad men I used to wander alone over hill and plain; sometimes I wandered in gardens and sub-

verfallen (jemandem)

Das einzige Beispiel[3] einer uneingeschränkt positiven Erfahrung des Verfallenseins, das ich kenne, ist Brechts Gedicht über die Liebe zwischen der Wolke und dem Kranich, die er am Himmel vorüberziehen sieht. Es geht hier ungewöhnlicherweise um ein *Einander*-Verfallensein, das wohl nur darum möglich und wirklich wird, weil es nicht auf Dauer angelegt ist:

> Daß so der Kranich mit der Wolke teile
> Den schönen Himmel, den sie kurz befliegen
> Daß also keines länger hier verweile
> Und keines andres sehe als das Wiegen
> Des andern in dem Wind, den beide spüren
> Die jetzt im Fluge beieinander liegen.
> ...
> So unter Sonn und Monds wenig verschiedenen Scheiben
> Fliegen sie hin, einander ganz verfallen.
> ...

---

urbs, lane after lane. My roaming was not of my choice; nor could I decide whether to go or stay.
Nor power to stay was mine, nor strength to part; I became what you made of me, oh thief of my heart.« (Ashok Pant, *The Truth of Babri Mosque*)

[3] Als unausdrückliches, indirektes Beispiel für ein positives Verständnis des der Liebe Verfallenseins könnte man eine Bemerkung von Tristram Shandy ansehen, mit der er die Formulierung kritisiert, weil sie der Sache, die eigentlich etwas Positives ist, einen negativen Anstrich gibt: er sagt von jemandem, daß er »in Liebe verfiel«, um dann hinzuzufügen: »Nicht daß ich die Phrase besonders liebte; denn wenn man sagt, ein Mann sei der Liebe verfallen, – oder er sei sterblich verliebt, – oder bis über die Ohren verliebt, – so bringt es schon der Sprachgebrauch mit sich, daß man damit die Idee verbindet, die Liebe sei etwas unter dem Manne Stehendes. –
Dies führt wieder zu Plato's Ansicht zurück, die ich trotz aller seiner Göttlichkeit – und gerade deshalb für verdammenswerth und ketzerisch halte: – und damit genug.« (Laurence Sterne, *Tristram Shandy*, 198. Kapitel)

verfallen (jemandem)

Ihr fragt, wie lange sind sie schon beisammen?
Seit kurzem.
Und wann werden sie sich trennen?
Bald.
So scheint die Liebe Liebenden ein Halt.
(Terzinen über die Liebe,
in *Aufstieg und Fall der Stadt Mahagonny)*

Hier fehlt jeder schicksalhafte Zwang, der im gewöhnlichen Verfallensein die entscheidende Rolle spielt. Die Weise, wie Wolke und Kranich einander verfallen sind, entspricht eher dem, was sich im englischen »to fall for somebody« (oder auch: to fall in love with someone[4]) ausdrückt, das Einanderzugetan-sein, Ineinander-verliebtsein, bei dem ja ausdrücklich kein Widerspruch zur Gegenseitigkeit besteht. Daß die beiden einander verfallen sind, heißt, daß sie beide in ein Miteinandersein, ein Zusammengehören in einem gemeinsamen Raum und einer gemeinsamen Zeit »gefallen« sind. Für eine kurze Weile und eine kurze Strecke befinden sie sich gewissermaßen auf einer selben Wellenlänge.

In dieser Liebe gibt es keinen Platz für die Beschwörung von Ewigkeit. Miteinander bewegen sie sich in einem Raum, der zwar geschützt ist, aber nicht vor Vergänglichkeit. Wolke und Kranich *wiegen* sich miteinander, in gemeinsamer Konstellation, aber in keiner gemeinsamen Ordnung oder Gebundenheit. Sie fliegen beieinander und doch jeder für sich. Die Offenheit ihres Zusammenseins verbietet jeden Gedanken an ein Festhalten. Was sie in der Tat *hält*, ist ihre Liebe. Aber die hält eben so, daß sie sie zugleich frei gibt und frei läßt. Ist es nicht dieses Freilassen, das Brecht in seinem Gedicht besingt?

---

[4] Man *fällt* zwar in die Liebe, aber *mit* jemandem!

Beifall

Der Autor des Artikels »Beifall« im Grimmschen Wörterbuch äußert sich bemerkenswerterweise folgendermaßen: »Ungenau scheint aber das ... allgemein verbreitete einem Beifall thun, geben, zustimmung, lob geben, weil, was zufallen, sich ereignen muß, nicht gegeben werden kann.« (Bd. 1, Sp. 1368) Der Beifall kann nicht bewußt, absichtlich gegeben werden, er muß sich spontan ereignen, er muß uns von sich aus »beifallen«[1]. Hier wird wieder der »mediale« Charakter[2] des Fallens – und vieler seiner Komposita – vorausgesetzt, den wir schon früher bemerkt haben. Die Zustimmung zu einer Äußerung oder Handlung *ergibt sich*, etwa aus deren Qualität, sie erfolgt nicht aktiv. Die beifällige Äußerung entspringt u. a. dem Empfinden des Zuhörers. Der stürmische Beifall, der einem Autor von einer begeisterten Zuhörerschaft gegeben wird, mag verschiedene, zuweilen keineswegs »objektive« Ursachen haben. Im Beifall können sich sachlich rationale Beurteilungskriterien mit gefühlsmäßigen und sozial und medial induzierten Gesichtspunkten mischen. Der Künstler sollte darum nicht zu sehr um den Beifall seines Publikums bemüht sein. Wenn er sich seiner selbst sicher ist, braucht er keine Zustimmung von außen. Vielmehr wird der Vortragende den ihm gezollten Beifall zuweilen mit einem gewissen Argwohn aufnehmen: »Mein

---

[1] Veraltet für »einfallen«.
[2] »Medial: Eine Handlung oder Zustandsänderung widerfährt dem Satzsubjekt ohne externes Agens« (https://de.wikipedia.org/wiki/Diathese)

Beifall

Lied ertönt / der unbekannten Menge, / ihr Beifall selbst / macht meinem Herzen bang.« (Goethe, *Faust, Zueignung*)

»Der Denker bedarf des Beifalls und des Händeklatschens nicht, vorausgesetzt, dass er seines eigenen Händeklatschens sicher ist: Dies aber kann er nicht entbehren.« (Nietzsche) Das »eigene Händeklatschen« impliziert eine gewisse Distanz des Autors zu sich selbst. Er beobachtet, was er tut, und stimmt sich selbst zu. Justus Möser, ein Jurist und Schriftsteller der Goethe-Zeit, beschreibt sehr schön ein solches Selbstverhältnis: »Sein Verstand diente ihm fast zu nichts, als nur um die Richtigkeit seiner Neigungen und Leidenschaften und ihre Übereinstimmung mit dem großen Zweck seines Daseins zu entdecken, und ihm durch seinen Beifall die angenehme Versicherung zu erteilen, daß die Natur in ihm nach einer Seite arbeitete, wo er notwendig auf die Tugend treffen mußte, und dieser Beifall des Verstandes drückte seinen Neigungen das Siegel der Tugend auf.« (*Der Wert wohlgewogner Neigungen und Leidenschaften*, 45) Zum Schluß noch ein Beispiel für den anfangs gegebenen Hinweis auf den medialen Charakter des Beifalls:

> Draußen aber kräuseln sich immer die Ränder von Jahrmarkt.
> Schaukeln der Freiheit! Taucher und Gaukler des Eifers!
> Und des behübschten Glücks figürliche Schießstatt, wo es zappelt von Ziel und sich blechern benimmt, wenn ein Geschickterer trifft. Von Beifall zu Zufall taumelt er weiter; denn Buden jeglicher Neugier werben, trommeln und plärrn.
> (Rilke, *10. Duineser Elegie*)

Im Taumeln von Beifall zu Zufall drückt sich deutlich ein Geschehen aus, das weder selbstbestimmt ist noch auch durch etwas anderes oder jemand anderen veranlaßt wird. Zwischen den bunten Buden, wo geschossen, geworfen, probiert wird, wo »es« zappelt und scheppert, wo ein »behübschtes Glück« lockt, auftritt und verschwindet, da kommt es gar nicht auf individuelle Zustimmung oder Ablehnung an, da hat der Beifall nicht mehr Realität als eine flüchtige Spiegelung.

Wasserfall

Vor dem Tosen des Wasserfalls
schweben
Kirschblüten zu Boden.

(Basho)

Ein Wasserfall – stetige Begegnung von Fels und Wasser. Wasser auf Felsen, vor Felsen, über Felsen hinweg.

Wie alle Flüssigkeiten ist das Wasser formunbeständig, es breitet sich aus, in Richtung der Schwerkraft nach unten, an Widerständen entlang. Das Fallen des Regens macht die eine Hälfte des erdumspannenden Wasserkreislaufs aus. Auf der Oberfläche der Erde fließt das Wasser in alle Richtungen, bis es durch etwas gehindert wird. Die Wasserläufe winden sich zwischen den Ufern dahin, in Richtung einer vielleicht auch nur minimalen Neigung. Hat seine Unterlage ein starkes Gefälle, so stürzt es hinab, sein Strömen wird zum mehr oder weniger freien Fall. Das Wasser der Bäche, Flüsse und Ströme fällt über meist felsigen Untergrund hinab: Wasserfälle.

Das chinesische Wort für Landschaft lautet »Berge-Wasser« *(shan-shui)*. Der Wasserfall ist zwar primär eine Erscheinung des Wassers, aber er ist fast nie ohne die Steine und Felsen, über die es hinabfällt oder in die es sich eingräbt, um Schluchten und Klüfte zu bilden. Von daher kann der Wasserfall als eine ausgezeichnete Landschaft gesehen werden.

Zu dieser Auszeichnung könnte auch hinzugerechnet werden, daß er *hörbare* Landschaft ist. »Sein Brausen in der Ferne scheint wie Harmonie, in welche einzelne Fluten-

Wasserfall

schläge die Melodie machen.« (Heinse) Das oftmals schon von weitem vernehmbare Tosen und Donnern findet sich in vielen Beschreibungen der Wasserfälle. Zwei japanische Haiku nennen ebenfalls die Wirkung des Wasserfalls auf das Gehör:

> Der Wasserfall stürzt hinab,
> die blaue Welt
> ist ein Tosen.
>
> (Shuhohshi)

> Über den Himmel flog
> der Donnergott
> und berührte den Wasserfall.
>
> (Atsuko)

Goethes Nennung in *Ilmenau* erscheint ein wenig zu lieblich – obgleich es zweifellos auch romantische, freundlich dahinplätschernde kleine Wasserfälle gibt –:

> Melodisch rauscht die hohe Tanne wieder,
> Melodisch eilt der Wasserfall hernieder;
> Die Wolke sinkt, der Nebel drückt ins Tal,
> Und es ist Nacht und Dämmrung auf einmal.

Zumeist ist das ohrenbetäubende Tosen gewaltig und ungeheuerlich. Es »schäumt und wütet und brüllt, dass die Felsen und die Berge nebenan erzittern und erklingen« (Heinse an F. Jacobi, 15. August 1780, 33). Die Erschütterung ist nicht nur eine akustische, sondern sie ergreift den ganzen Leib, geht über die einzelnen Sinne weit hinaus. Dichter haben versucht, den sie überwältigenden Eindruck zur Sprache zu bringen: »Schnelle Wellen. Locken Gischt im Sturz, Gischt unten im Kessel, siedende Strudel im Kessel« (Goethe,

Tagebuch 1797; dieses und die folgenden Zitate: 144–149). Der Wasserfall »tut einen solchen Schuss in die Tiefe, daß er das Laufen vergisst und sich besinnt, ob er Dunst werden oder Wasser bleiben will. Wenn man ihn zum ersten Mal erblickt: so sieht man lauter Dunststaub wie Silberrauch in der Luft. Sein Brausen in der Ferne scheint wie Harmonie, in welche einzelne Flutenschläge die Melodie machen. Er sieht ganz wild und ernst aus und stürmt trotzig über die Felsen hin, kühn und sicher, nicht zu vergehen. Es ist eine erschreckliche Gewalt, und man erstaunt, wie die Felsen dagegen aushalten können. Das Wasser scheint von der heftigen Bewegung zu Feuer zu werden und raucht; aber sein Dampf ist Silber, so rein wie sein Element ist.« (Heinse, *Tagebuch 1780*, 22)

In dem schon genannten Brief an Friedrich Jacobi versucht Heinse dem, was er angesichts des Rheinfalls empfunden hat, fast stammelnd Ausdruck zu geben: »Es ist, als ob eine Wasserwelt in den Abgrund aus den Gesetzen der Natur hinausrollte. Die Gewölbe der Schaumwogen im wütenden Schuss flammt ein glühender Regenbogen wie ein Geist des Zorns schräg herab.« Er spricht von den »kochenden Fluten« und der »Eile des Blitzes«, mit der die »ungeheuern Wassermassen« zu Tal stürzen. »Der Perlenstaub, der überall wie von einem großen wütenden Feuer herumdampft und wie von einem Wirbelwind herumgejagt wird und allen den großen Massen einen Schatten erteilt oder sie gewitterwolkicht macht, bildet ein so fürchterliches Ganzes mit dem Flug und Schuss und Drang, und An- und Abprallen, und Wirbeln und Sieden und Schäumen in der Tiefe, und dem Brausen und dem majestätischen, erdbebenartigen Krachen dazwischen, dass alle Tiziane, Rubense und Vernets vor der Natur müssen zu kleinen Kindern und lächerlichen Affen werden.«

Diese Schilderung, die notgedrungen die Grenzen einer bloßen Schilderung sprengt, zeigt, wie sehr der Wasserfall

Wasserfall

Wasserfall

Wasserfall

ein Übermächtiges sein kann: Mit Feuer und Winden, Gewitter und Erdbeben, mit Fliegen und Wirbeln, Sieden und Schäumen werden die Elemente und elementare Bewegungen evoziert, um das Unsagbare zu sagen. Goethe zitiert in seinem Tagebucheintrag Schillers »Es wallet und siedet und brauset und zischt«. Und in seiner Einbildungskraft verbindet sich das Gewaltige des Wasserfalls mit dem Gewaltigen des Meeres: »Das Meer gebietet dem Meer. Wenn man sich die Quellen des Oceans dichten wollte, so müßte man sie so darstellen.« (Goethe a. a. O.)

Wie vor der Unauslotbarkeit des Sternenhimmels oder der Unendlichkeit des Meeres steht der Mensch staunend und im unmittelbaren Sinne überwältigt vor der Gewalt der großen Wasserfälle, die sich in den unterschiedlichsten Gegenden der Erde finden und von denen oftmals in Sagen und Mythen erzählt wird. Heinse beschreibt sein eigenes Betroffensein so: »Der Mensch steht klein wie ein Nichts davor da und kann nur bis ins Innerste gerührt den Aufruhr betrachten. Selbst der Schlaffste muss des Wassergebirggetümmels nicht satt werden können. Der kälteste Philosoph muss sagen, es ist eine von den ungeheuersten Wirkungen der anziehenden Kraft, die in die Sinne fallen.« (Heinse an Jacobi)

Mir selbst – ich war an unzähligen kleineren und größeren und riesigen Wasserfällen u. a. in den USA, in Äthiopien und in Norwegen – sind Wasserfälle merkwürdig fremd und fast unheimlich. Ihre phantastische Schönheit vermag es nicht, mich »bis ins Innerste« zu rühren. Sie sind so sehr sie selbst und nur sie selbst, daß mir die Kommunikation mit ihnen verwehrt zu sein scheint.

Es ist wohl wegen der übermächtigen Wirkung des fallenden Wassers, daß Zhuangzi im Kontrast dazu gerade an ihm die heitere Ruhe des Weisen verdeutlichen kann. Er erzählt, daß Konfuzius einst beobachtete, wie ein Mann den Wasserfall Lü Liang hinunterschwamm, der so hoch war, daß »weder Schildkröte noch Alligator, noch Fisch und Molche dort schwimmen« konnten. Weiter unten stieg er ans Ufer und ging »singend und vergnügt« dahin. Erstaunt ging Konfuzius ihm nach und fragte ihn, ob er »eine besondere Methode« zu schwimmen habe. Der Gefragte antwortete: »Nein, ich habe keine besondere Methode. Ich begann mit dem mir Eingeborenen, wuchs auf in meiner Natur und erfüllte mein Schicksal. Ich tauche genau in das Zentrum der Strudel hinein und tauche als Gefährte der Strömung daraus auf. Ich folge einfach dem Weg des Wassers und versuche nicht, gegen es anzukämpfen. Das ist meine Art zu schwimmen.« (Zhuangzi, *Äußere Kapitel* 19, 8, 149) Der Weise überwindet die großartige Fremdheit und die gefährliche Gewalt des Wasserfalls dadurch, daß es ihm gelingt, sich ihm anheimzugeben, sich seinem Sinn zu überlassen.

Zum Schluß führe ich die bekannte Strophe aus Hyperions *Schicksalslied* an, die schon in der Anordnung ihrer Zeilen an einen Wasserfall zu erinnern scheint. Seine Wirkung ist hier weder Schrecken noch das Gefühl der Fremdheit noch, fast umgekehrt, ein Sich-an-ihn-überlassen, sondern der Eindruck des unaufhaltbaren Hinabstürzens wird zum Bild des menschlichen Daseins.

Doch uns ist gegeben,
  Auf keiner Stätte zu ruhn,
    Es schwinden, es fallen
      Die leidenden Menschen
        Blindlings von einer
          Stunde zur andern,
            Wie Wasser von Klippe
              Zu Klippe geworfen,
                Jahr lang ins Ungewisse hinab.

Zufall

»Das war Zufall« oder auch »Das hat sich zufällig so ergeben«, – damit wollen wir zum einen sagen, daß etwas unbeabsichtigt geschehen ist, daß es nicht gewollt war, sondern eben »passiert« ist. Es ist nicht mein Verdienst oder meine Schuld, daß es geschehen ist, zugleich: es ist niemandes Verdienst oder Schuld. Es hat sich so ergeben, das heißt, es war nicht das Resultat oder Produkt einer gezielten Handlung. Ebensowenig ist es die Schickung oder Fügung einer höheren Macht, eines Gottes, eines unerbittlichen Schicksals. Und schließlich ist es auch nicht die notwendige und logische Folge eines gesetzmäßigen Prozesses, und sei dieser der Lauf der Sterne oder der natürlichen Evolution. Was zufällig geschieht, gehört nicht in den Zusammenhang einer wie auch immer gearteten Kausalkette, die zu diesem und nur diesem Ereignis oder Faktum führen mußte. Es ist darum unvorhersehbar und unerklärlich.

Vom Zufall spricht man häufig in anderes negierender Weise, man erwähnt ihn also, um eine kausale Erklärung abzuweisen. So sagt etwa die Definition von Zufall im *Online-Wörterbuch Philosophie* nicht, was der Zufall positiv ist, sondern sie bezeichnet ihn als das, »was sich ohne erkennbaren Grund und ohne Absicht außerhalb einer erkennbaren Gesetzmäßigkeit ereignet.« Das macht es manchmal schwierig, angemessen von ihm zu sprechen, also z. B. zu vermeiden, von einem »Produkt« des Zufalls zu reden oder davon, etwas sei aus Zufall oder durch Zufall geworden, – so, als sei der Zufall seinerseits ein Grund.

»Die philosophische Betrachtung hat keine *andere Ab-*

sicht, als das Zufällige zu entfernen«, schrieb Hegel *(Die Vernunft in der Geschichte)*. Das Unvorhersehbare und Unerklärliche war von Beginn an so etwas wie ein Stachel im Fleisch des metaphysischen Denkens. Denn die abendländische Philosophie war durch die Überzeugung geprägt, daß alles, was ist, erkennbar sein und somit einen Grund haben muß, dem es sein Sein verdankt und auf den es letztlich zurückgeführt werden kann, – nihil est sine ratione, nichts ist ohne Grund.[1] *Grund* ist dasjenige, von woher, wodurch oder weshalb etwas wird oder ist oder erkannt wird.[2] In dieser Bestimmung ist »Grund« ganz allgemein verstanden; er kann die Ursache sein, die etwas hervorbringt, oder das Motiv, weswegen es gemacht, oder der Zweck, zu dem es hergestellt wird, sogar die Bedingung, ohne die es nicht oder nicht so da wäre. Und nicht nur das Daß und Was von etwas hat jeweils seinen Grund, sondern auch das Zusammentreffen, die Koinzidenz unterschiedlicher Ereignisse.

Für diese Konzeption *gibt es keinen Zufall.* Daß etwas zufällig wäre, hieße, daß es auch nicht sein oder anders sein könnte, als es ist, daß es nicht *sein muß* oder nicht *so sein muß*, wie es ist, daß es also keinen Grund für sein Sein und Sosein gibt. Es ist bemerkenswert, in welchem Maße sich zum einen schon Aristoteles' Überlegungen zum Zufall ausdrücklich im Rahmen der Problematik der Gründe und Ursachen bewegen und wie diese sich andererseits durch die Geistesgeschichte bis heute durchgehalten hat.[3] Wenn alles

---

[1] Auch die Glaubensüberzeugung, daß ein »himmlischer Vater« die Schicksale seiner Kinder bis ins Kleinste bestimmt und bewacht, daß ohne sein Wissen und Wollen kein Haar von ihrem Haupt fallen wird, gehört in diese Grund-Überzeugung.
[2] Vgl. Aristoteles, *Metaph.* Δ1, 1013a17ff.
[3] Vielleicht muß man allerdings sagen, daß der Begriff »Zufall« überhaupt nur innerhalb jener Problematik, genauer in Absetzung vom Grund bzw. der Frage nach ihm, einen Sinn macht.

einen Grund hat, so kann offenbar nichts zufällig sein: »Nichts geschieht durch ein blindes Ohngefähr (in mundo non datur casus)«, betont Kant (*Kr. d. r. V.*, A228/B280).

Dieser Überzeugung zufolge, die sich in einer Vielzahl von geläufigen Zitaten niedergeschlagen hat, ist der Zufall nur ein irrtümlicher Schein oder eine Verschleierung: »Was wir Zufall nennen, ist der Zufluchtsort der Unwissenheit.« (Spinoza) »Zufall ist ein Wort ohne Sinn; nichts kann ohne Ursache existieren.« (Voltaire) »Der Zufall ist Gottes Deckname, wenn Gott sich nicht zu erkennen geben will.« (Anatole France) »Ein Zufall? ... das Wort Zufall ist Gotteslästerung. Nichts unter der Sonne ist Zufall.« (Lessing) »Auch das Zufälligste ist nur ein auf entfernterem Wege herangekommenes Notwendiges.« (Arthur Schopenhauer)

In der alltäglichen Erfahrung allerdings haben wir es tatsächlich häufig mit Zufällen zu tun. Im gewöhnlichen Leben gehen wir – im Gegensatz zu den zitierten Überzeugungen – implizit davon aus, *daß es Zufälle gibt*. Wo die Kugel beim Roulette letztlich stehen bleibt, ist zufällig. Daß ich mit diesem Geschlecht, diesen Neigungen, an diesem Ort, in diesem bestimmten Jahr und zu dieser bestimmten Jahreszeit geboren wurde, ist zufällig.[4] Daß ein Individuum eben dieses besondere Individuum mit diesen Eigenheiten und dieser Geschichte ist, dafür gibt es keinen Grund, das ist zufällig so, wie es ist. Der Wind löst ein Blatt vom Zweig und läßt es zu Boden gleiten. Wohin genau es fällt, wie lange es im Fallen verharrt, das ist Zufall. Zwei Menschen begegnen sich zufällig bei einer Einladung; daß sich daraus ein gemeinsames Leben ergibt, war weder »geplant« noch »vorherbestimmt«.

Das Konstatieren einer Zufälligkeit ist auch dann im Recht, wenn wir gleichwohl wissen, daß im jeweiligen Fall

---

[4] Unbeschadet der Tatsache, daß die Lebensumstände meiner Eltern zu den letzteren Bestimmungen beigetragen haben.

letztlich Naturgesetzlichkeiten als »Gründe« aufgewiesen werden könnten. Daß die Kugel im Roulette auf gerade dieser Zahl stehen bleibt, liegt an der Stärke des Drehimpulses, dem Luftwiderstand, dem leichten oder schwereren Lauf des Geräts usw., die aber im Einzelfall kaum zu berechnen sind und hinter denen jedenfalls keine höhere bestimmende Vernunft steht. Auch für die Geburtszufälle lassen sich unzählige Einzelmomente aufzeigen, die gerade zu dieser Befruchtung und Empfängnis geführt haben, die aber eben keine spezifische Ursache darstellen.

Die ausschließende Alternative zwischen Grundhaftigkeit und Zufälligkeit besteht nur scheinbar bzw. nur in bestimmten Hinsichten und Konstellationen. *Zufällig* heißt vor allem *nicht notwendig*, zuweilen auch *unwesentlich*. Entscheidend für die alltägliche Erfahrung ist die Unberechenbarkeit und damit auch Unverfügbarkeit des Zufälligen. Der Widerwille gegen den Gedanken einer Zufälligkeit des Geschehens rührt zu einem guten Teil von dieser Unverfügbarkeit her. Sie besagt ja, daß dem rationalen Zugriff auf die Welt, dem menschlichen Planen, Grenzen gesetzt sind. Der 8. Punkt von Dürrenmatts *21 Punkten zu den Physikern* lautet: »Je planmäßiger die Menschen vorgehen, desto wirksamer vermag sie der Zufall zu treffen.«[5] Ein zufälliges Geschehen stellt sich gleichsam quer zu dem, wie Menschen jeweils ihre Zukunft zu gestalten dachten, er macht, wie man sagt, einen Strich durch ihre Rechnung. In dem Drama *Die Physiker* geht es um verschiedene klug ausgedachte Pläne – der Geheimdienste und der einzelnen Menschen. Aber sie werden durchkreuzt durch den Zufall, dadurch, daß die

---

[5] Vgl. Punkt 9: »Planmäßig vorgehende Menschen wollen ein bestimmtes Ziel erreichen. Der Zufall trifft sie dann am schlimmsten, wenn sie durch ihn das Gegenteil ihres Ziels erreichen: das, was sie befürchteten, was sie zu vermeiden suchten.«

Geschichte jeweils anders läuft als geplant, daß diese durch einen Zufall ihre »schlimmst-mögliche Wendung« nimmt. Indem der Dramatiker dieses Geschehen aufweist, kann er »den Zuschauer überlisten, sich der Wirklichkeit auszusetzen, aber nicht zwingen, ihr standzuhalten oder sie gar zu überwältigen.« *(Punkt 21)*

Daß wir etwas als zufällig empfinden, dazu gehört nicht nur, daß wir seine Ursachen und Voraussetzungen nicht *kennen*;[6] wir sehen vielmehr, daß das Ereignis selbst »von ungefähr«, von selbst, ohne weiteren Grund geschehen ist. Es hat *sich* eben so ergeben, – was heißt, daß es jedenfalls nicht das Ergebnis einer Intention und Bemühung ist. Insofern war es auch nicht vorauszuberechnen.

Wir stoßen hier wieder auf das mehrere Mitglieder der Famile »fallen« kennzeichnende Moment des »von sich aus«, »aus sich heraus« *(automaton)*. Wobei dieses »aus sich« gerade keine Referenz auf eine innere Natur und Wesenseigenheit bedeutet, sondern sagen will, daß, was sich da begibt, nicht aus anderem, Fremdem kommt, daß es vielmehr unvermittelt zu-fällt. »Aus sich« heißt da so viel wie »aus heiterem Himmel«, – wir könnten auch sagen: es ist ein reines Sich-ereignen, ein Sich-ereignen aus Nichts.[7]

Das so verstandene Zufällige ist nah verwandt mit dem im strengen Sinne Erstaunlichen. Oder anders gesagt: der Zufall ist als solcher erstaunlich, wie das Erstaunliche als

---

[6] Hume wie Spinoza, Hobbes wie Leibniz sehen den Zufall nur dort, wo das menschliche Erkennen keine Gründe auszumachen weiß.

[7] Der reine Anfang ist Zufall und der Zufall ist reiner Anfang. Hegels reiner Anfang mit dem Sein, das gleich Nichts ist, erhebt in der *Wissenschaft der Logik* zwar den Anspruch, rein zu sein. Aber er ist gerade nicht zufällig, sondern, wie sich allein in der Folge erweisen kann, begründet aus dem, *was* da anfängt, die Selbstherstellung des Absoluten; insofern ist er streng genommen eben kein wirklich reines Anfangen. Die *Wissenschaft der Logik* vollzieht sich keineswegs zufällig.

solches zufällig geschieht bzw. geschehen ist. Beides ergibt sich in einem nichthaften Raum, zunächst einmal unbezüglich, auch wenn sein Erscheinen, sein zufällig-erstaunliches Dasein dann durchaus in Bezüge fällt oder Bezüge stiftet, – wie es auch Bezügen entstammt. Daß uns etwas als zufällig und erstaunlich erscheint, hängt davon ab, wie wir es betrachten, ob wir es als es selbst da sein und zu uns sprechen lassen oder ob es von vornherein in und aus einem bestimmten Vorwissen heraus begegnet.

Wir können jedenfalls sagen, daß das Zu-fallen aus Nichts trotz seines nichthaften Anfangens immer eines Menschen bedarf, der sein Zufallen an sich oder an anderem *erfährt*. Der Zufall ist kein Zufall, wenn er nicht als solcher wahrgenommen wird. Damit meine ich nicht nur die hermeneutische Tatsache, daß wir überhaupt von nichts sagen können, es sei, wenn wir nicht uns, die erfahrenden Menschen, in irgendeiner Weise hinzudenken: der Baum ist nicht *als Baum*, wenn da niemand ist, der ihn als Baum sehen und ihn Baum nennen könnte. Wenn wir einmal das Vorhandensein einer Welt voraussetzen – und wie sollten wir das nicht tun oder auch nur nicht tun können? –, dann bedeutet, wenn wir z. B. in Bezug auf zwei Sachen von einem Ursache/Wirkung-Verhältnis sprechen, daß wir davon ausgehen, daß das eine tatsächlich das andere bewirkt, und daß es dies auch tun würde, wenn keiner davon wüßte. Sagen wir aber, zwei Ereignisse seien zufällig zusammengetroffen, so macht das nur Sinn, wenn jemand da war, der beides überhaupt in Korrelation gesehen hat und dann z. B. das Nicht-Vorhandensein eines Bewirktwerdens des einen durch das andere feststellen konnte. Von einem Zufall bei einem Zusammentreffen sprechen wir nur, wenn wir überhaupt eine Ko-inzidenz feststellen und es sich nicht lediglich um zwei voneinander unabhängige, aber nebeneinander geschehende Begebnisse handelt. Eine solche Ko-inzidenz besteht nur in einer sinnhaften, d. h. menschlich wahrgenommenen Welt, in einer Welt, in der uns *anderes* begegnet, das aber erst dadurch, daß wir es an- und aufnehmen, seinen jeweiligen Sinn realisiert. In dieser Richtung verstehe ich auch Schillers Bemerkung in *Don Carlos:* »was ist Zufall anders als der rohe Stein, der Leben annimmt unter Bildners Hand?«

»So hatte ich oft verschiedene Zufälle auf meinen Wanderungen«, schreibt Adalbert Stifter einmal.[8] Als Zufälle sind sie dem Dichter zugefallen, sind ihm wer weiß woher begegnet. Aber er *hatte* sie auch. Das heißt, er hat sie sich zufallen *lassen*, hat sie angenommen. Stifter spricht ziemlich oft von Begebenheiten als Zufällen oder zufällig Geschehendem. Sie sind ihm Zufälle, weil sie unerwartet und unbegründbar sind. Könnten »wir die Zählung überschauen: dann wird für uns kein Zufall mehr erscheinen, sondern Folgen, kein Unglück mehr, sondern nur Verschulden; denn die Lükken, die jetzt sind, erzeugen das Unerwartete«; »von der großen Kette der Blumen sind nur erst einzelne Blätter aufgedeckt, noch fließt das Geschehen wie ein heiliges Räthsel an uns vorbei«. Dieses heilige Rätsel gilt es für ihn auf- und anzunehmen.

Daß zum Zufall sein Erfahrenwerden gehört, bedeutet nicht, daß der Zufall etwas »bloß Subjektives« wäre. Eher wäre zu sagen, daß er ein *konstellatives Phänomen* ist, was heißen soll, daß er das geschehende Sich-begegnen – die geschehende Kommunikation – von Mensch und Weltlichem kennzeichnet. Eben hier hat die *Hinsichtnahme* im Problem der scheinbaren Alternative zwischen Grundhaftigkeit und Zufälligkeit ihren Ort. »Alles hat einen Grund.« Das hat, auch in dieser Totalisierung, so lange seinen Sinn, als wir uns im Bereich rational feststellbarer Tatsachen bewegen.

---

[8] *Die Mappe meines Urgroßvaters,* 145. Den Hinweis auf diese Stelle verdanke ich Florian Aicher.

Zufall

Hier von Rationalität zu sprechen, heißt ja, daß wir diesen Bereich von vornherein als den einer vernünftigen Bezughaftigkeit konzipiert haben, in dem alles seinen eigenen, aber auf alles andere bezogenen und also auch irgendwie begründeten Platz hat.

Wir müssen diesen Raum aber nicht als den einzig möglichen und maßgebenden Raum anerkennen. Und wir tun dies in unserem alltäglichen Leben auch nicht. Der heutige westlich geprägte Mensch lebt, ob er es sieht und zugibt oder nicht, de facto in zwei (oder mehreren) Räumen. Den zum rationalen alternativen Bereich nennt man gewöhnlich den mythologischen oder auch den symbolischen Raum. In ihm sind die Verhältnisse und Bezüglichkeiten nicht mit metrischen Maßen auslotbar, hier gibt es Färbungen und Stimmungen der Befindlichkeit, langweilige und kurzweilige Zeiten, nahe und ferne, enge und weite Erstreckungen, und so auch mannigfache Einfälle und Vorfälle und Zufälle.

*

Der erste, der systematisch über den Zufall nachgedacht hat, war Aristoteles. Für das nachfolgende abendländische Zufalldenken war es von entscheidender Bedeutung, daß dies, wie schon gesagt, innerhalb und im Rahmen seiner Lehre von den Gründen und Ursachen geschah. Er thematisiert den Zufall im Hinblick auf die Frage, ob auch er, wie vielfach angenommen, unter die verschiedenen Weisen von Grund zu rechnen sei, die Aristoteles systematisch im zweiten Buch seiner Natur-Vorlesungen untersucht (*Phys.B* 4,6). Das Konzept des Grundes und des Fragens nach dem Grund oder den Gründen bleibt unhinterfragt der Rahmen für die Betrachtung des Zufalls.

Einiges, was geschieht, sagt Aristoteles, geschieht immer oder meistens und notwendig so, anderes aber kann zuweilen auch anders, mal so, mal so und d. h. zufällig geschehen. Geschähe alles notwendig, könnte es nicht auch anders sein, so gäbe es nur das reine Sein des Parmenides, das heißt, es gäbe keine Bewegung, keine Veränderung, kein Entstehen und Vergehen. Doch unsere Welt ist endlich, endlich und somit zufällig. Was aber heißt »zufällig«?

Die Klärung dieser Frage muß sich dem Paradox stellen, daß einerseits zweifellos nichts ohne Grund ist, daß es aber andererseits ebenso zweifellos Zufälle gibt. Aristoteles löst diese Schwierigkeit auf eine für ihn sehr typische Weise: Der Zufall ist zwar per definitionem kein Grund im strengen Sinne; gleichwohl erscheint er »in gewissem Sinne«, »irgendwie«, »beiherspielend« als Grund. Für das Entstehen eines Hauses ist etwa der Baumeister ein realer Grund. Daß dieser Baumeister blond ist oder ein Flötenspieler, das hat aber mit seinem Grundsein nur nebenbei, nicht »an sich« etwas zu tun, verhält sich zufällig so. Oder ein anderes aristotelisches Beispiel: Jemand trifft auf dem Markt einen Schuldner und ist so in der Lage, sein Geld zu bekommen. Er war aber nicht deswegen auf den Markt gegangen, er hat den anderen zufällig getroffen. Gleichwohl wurde auf diese Weise der zugrundeliegende Zweck, seine Schulden zurückzubekommen, erreicht. Da der Zweck für Aristoteles eine Weise des Grundseins ist, ist der Zufall in diesem Beispiel also ein Grund, aber eben wiederum nur nebenbei. Es hat sich glücklich so getroffen, daß der Zweck erreicht wurde, ohne daß ausdrücklich etwas dafür getan wurde, ohne daß also eine vernünftige Entscheidung in Richtung auf das Ziel gefällt wurde.

Genauer unterscheidet Aristoteles zwischen dem Zufall, wie er im Bereich der Natur auftritt – *automaton* – und dem Zufall im Bereich der praxis – *tyche*. Beides, *tyche* und *automaton*, sind *aitia kata symbebekos en tois tou heneka tou* – hinzukommender, beiläufiger Grund bei solchem, das umwillen von etwas geschieht. Jeweils geht es da um eine ganz bestimmte Art von Zufällen, wenn nämlich eines unversehens mit einem anderen zusammenfällt oder zusammenkommt, mit dem es aber auch mit Absicht hätte zusammentreffen können, wo also das eine gewissermaßen blind und doch wie gezielt auf das andere hinausläuft. Daß dagegen der Würfel einmal gerade so fällt, daß die 5 oben zu liegen kommt, bedeutet kein glückliches oder unglückliches Zusammentreffen. Ein Stein löst sich aus der Felswand und tötet einen Spaziergänger. Auch hier ist es kein gelingendes oder nicht gelingendes Zusammentreffen. Der Tod durch den Steinfall hätte höchstens in einer ganz bestimmten Konstellation beabsichtigt sein können, wenn ein Verbrechen oder allenfalls ein böser Dämon im Spiel gewesen wäre.

Eine andere Bedeutungsrichtung von »Zufall« geht ebenfalls, wenn auch unausdrücklich bzw. vermittelt, auf Aristoteles zurück. Ich erwähnte schon, daß »zufällig« auch den Sinn von »unwesentlich« haben kann. Unwesentlich, *kata symbebekos*, nennt Aristoteles, wie eben schon berührt, diejenigen Bestimmungen von etwas, die der Sache nicht von ihrer eigenen Natur her, nicht ihrem Wesen nach zukommen. Das *kata symbebekos*, »beiherspielend«, wurde lateinisch mit *accidens* wiedergegeben. Und »accidens« wurde im Deutschen schon früh mit »Zufall« übersetzt.

Goethe spricht im *West-östlichen Divan* einmal von Liebespaaren, die »durch Ahnung, Geschick, Natur, Gewohnheit, Leidenschaft füreinander bestimmt«, dann aber »durch Grille, Eigensinn, Zufall, Nötigung und Zwang getrennt« wurden. (164) Hier ist der Zufall wohl auch im Sinne von »Unwesentliches« zu verstehen, wobei zugleich deutlich wird, daß diese Bedeutung von »zufällig« eng mit der von »grundlos«, vor allem im Sinne von »unbeabsichtigt«, »unvorhergesehen« zusammenhängt.

Doch liegt im Unwesentlichen noch mehr. Was unwesentlich ist, gehört nicht zum Kern der Sache, ist ihr bloß äußerlich, bleibt an der Oberfläche. Vom Zufälligen kann abstrahiert werden. Zwei Sprüche des Angelus Silesius lauten:

> Der Zufall muß hinweg und aller falsche Schein;
> Du mußt ganz wesentlich und ungefärbet sein.

Und:

> Mensch, werde wesentlich; denn wenn die Welt vergeht,
> So fällt der Zufall weg, das Wesen, das besteht.

Müssen aber Zufall und Wesen einander entgegengesetzt sein? Liegt in solcher Entgegensetzung nicht allzu einseitig die Abwertung des Zufalls? Muß der Zufall wegfallen, damit es Beständiges geben kann? Ich denke, das zunächst unwesentlich Erscheinende, das Ungeplante, sich einfach so Ergebende kann durchaus der Sache selbst zugehören; was sie im Innersten ausmacht, kann, wenn wir sie als sie selbst sein lassen, durchaus ein sich zufällig und jeweilig Ergebendes sein. Norbert Elias meint vielleicht dies, wenn er dichtet:

> Und Zufall wächst im Wandel der Gesichte
> Dem Wesen ein wird mein und wird Geschichte
> *(Zufall von außen)*

Der Zufall, der angenommen und angeeignet – zu meinem gemacht – und damit als schicksalhaft erfahren wird,[9] verschmilzt mit dem, was sonst Wesen genannt wurde, einem Wesen allerdings, das dann keinem bloß Unwesentlichen, Äußerlichen mehr entgegengesetzt zu werden braucht.

---

[9] S. im Folgenden Zufall – Koinzidenz und Schicksal, S. 155 ff.

gefallen (Partizip)

Von den drei Bedeutungen, in denen das Partizip »gefallen«[1] als Adjektiv oder auch substantiviert begegnet, hat die eine erfreulicherweise heute nur noch eine historische Bedeutung. Thomas Mann hat in seiner Frühzeit eine Novelle mit dem Titel *Gefallen* geschrieben, in der es um die Leidenschaft eines jungen Mannes aus gutem Hause für eine Schauspielerin geht, von der er am Ende seiner Liebesgeschichte entdeckt, daß sie sich, wie es nach ihren Worten bei Schauspielerinnen üblich sei, prostituiert, die also »gefallen« ist. Bei Wikipedia lesen wir: »Als *gefallenes Mädchen* wurde in meist bürgerlichen Kreisen bis ins 20. Jahrhundert hinein eine junge Frau bezeichnet, die ihre *Jungfräulichkeit* verloren hatte, ohne verheiratet zu sein, und dadurch von den vorherrschenden Moralvorstellungen abwich.« Vom Staat, vor allem aber von den Kirchen wurden bis auf das Mittelalter zurückgehende »Heime und Anstalten für *gefallene Mädchen*« eingerichtet, die, wenn auch unter anderen Bezeichnungen, bis mindestens in die siebziger Jahre des letzten Jahrhunderts mit teilweise drastischen und grausamen Methoden die jungen Mädchen auf den Pfad der Tugend zurückführen sollten.

Gefallen waren diese Mädchen aus der Sicht der Gesellschaft, weil sie durch die Maschen des Tugendnetzes gefallen waren, auch wenn dies zumeist nicht durch eigene Schuld, sondern auf Grund von unmenschlichen gesellschaftlichen

---

[1] Das Partizip »gefallen« gehört als solches zur Betrachtung des Worts »Fallen«, – anders als das Verb »gefallen« und das Substantiv »das Gefallen«, die Wortbildungen mit »fallen« sind.

gefallen (Partizip)

oder häuslichen Verhältnissen geschehen war. Sie sind gestrauchelt, weil es ihnen an Schutz und Halt mangelte. Gefallen durch eigene Schuld sind dagegen die *gefallenen Engel*, insbesondere der höchste und leuchtendste unter ihnen, Lucifer. Er hat sich einer christlichen Lehre zufolge Gott gleichzustellen versucht und ist deswegen vom Himmel herab in den Abgrund gestürzt worden. Viele Werke der Literatur und vor allem der bildenden Kunst haben sich mit seinem Fall beschäftigt.

Am Volkstrauertag wird der *Gefallenen beider Weltkriege* gedacht. Das Wort »Gefallener« wurde im Kriegsjahr 1914 amtlich als Euphemismus für die im Krieg Getöteten eingeführt. Aber schon im Alten Testament ist davon die Rede, daß »viel Volks gefallen« ist. Für im Kampf Getötete der Deutschen Bundeswehr wurde 2008 zum ersten Mal seit dem Zweiten Weltkrieg wieder von »Gefallenen« gesprochen. Die Bezeichnung, ursprünglich wörtlich verstanden, stammt aus Zeiten, als der Krieg noch ausschließlich ein Streiten »Mann gegen Mann« war, wie es in dem von Ludwig Uhland geschriebenen bekannten Lied *Der gute Kamerad* vorausgesetzt ist.[2] Seine zweite Strophe lautet:

> Eine Kugel kam geflogen,
> Gilt's mir oder gilt es dir?
> Ihn hat es weggerissen,
> Er liegt mir vor den Füßen,
> Als wär's ein Stück von mir.

---

[2] Dieses Lied – »Ich hatt' einen Kameraden« – hat einen von seinem Text abgelösten symbolischen Wert erhalten und wird bei offiziellen Totenfeiern gespielt – z. B. 2017 bei der Feier für Helmut Kohl vor dem Kaiserdom in Speyer.

gefallen (Partizip)

Versetzt man sich in die Erfahrung dieses Liedes zurück, so verliert das Wort »Gefallener« bis zu einem gewissen Grad seinen Euphemismus-Charakter. Die Vorstellung, daß der direkt neben mir Kämpfende von einer Kugel getroffen fällt, während ich gezwungen bin, weiter voranzudrängen, ist grausig genug, als daß seine Beschreibung als Fallen eine Beschönigung genannt werden könnte.

Das dritte »gefallen« bezieht sich auf das Partizip nicht des Verbs *fallen*, sondern des Verbs *gefallen*.[3]

---

[3] Vgl. unten S. 133 ff.

fallen lassen

»Es ist eine schreckliche Stille! Ah! Es ist etwas zu Boden gefallen. Ich hörte etwas fallen. Es war das Schwert des Henkers. Er hat Angst, dieser Sklave. Er hat das Schwert fallen lassen! Er traut sich nicht, ihn zu töten.« (Oscar Wilde, *Salome*) Etwas kann fallen, wenn es fallen gelassen wird. Vor Schrecken, aus Angst oder auch nur aus Unachtsamkeit läßt man etwas fallen, das eigentlich gehalten werden sollte. Es geschieht sogar, daß man einen Menschen, einen guten Freund, fallen läßt. Vielleicht weil er unversehens seine Maske hat fallen lassen. Oder man läßt ein Thema fallen bzw. nimmt eines neu auf, indem man, fast unbemerkt, ein Wort, eine Bemerkung fallen läßt. Gibt man ein Vorhaben auf, so läßt man es unter den Tisch fallen. Eine unerhebliche Anklage kann fallen gelassen werden. Unterschiedliche, aber verwandte Bedeutungen des Fallen-lassens: man kann ganz konkret etwas nicht mehr festhalten, man gibt etwas auf, distanziert sich von jemand oder etwas, äußert etwas nebenbei.

Eine weitere Bedeutung des Fallenlassens ist impliziert, wenn François Jullien über den Weisen im chinesischen Denken sagt: »er läßt nichts fallen.« (*Der Weise hängt an keiner Idee*, 14) Damit ist nicht gemeint, daß er alles, was er denkt, fest in den Händen hält, daß er auf nichts verzichtet, niemanden im Stich läßt, keine beiläufigen Äußerungen macht. Vielmehr: »Der Weise hält stets *alles offen*, weil er stets *alles zusammen* hält.« (16) Er ist achtsam auf alles, achtet nichts gering, schließt keine Möglichkeit aus, er betrachtet das Ganze, in dem alles seinen eigenen Ort und Platz hat, nichts nur nebenbei existiert, sodaß es zu vernachlässigen, kaum zu erwähnen wäre. Der chinesische Weise hält alles zusammen, indem er nichts ausläßt, nichts fallen läßt. Mit gleichmäßiger Freundlichkeit wendet er sich allem zu und kann es eben darum es selbst sein lassen, ohne es bewältigen und damit überwältigen zu wollen.

Der Philosoph der abendländischen Tradition dagegen denkt, indem er ausgrenzt, de-finiert; er bestimmt, indem er eines gegenüber anderem herausstellt bzw. anderes fernhält, negiert. Sein Erkennen ist insofern ein Fallenlassen, als es *nicht* offen läßt, sondern alles positiv festsetzt, fixiert, urteilt, indem es von Unwesentlichem abstrahiert. Der Verstand, dem der Philosoph unbedingt vertraut, schafft Ordnung unter dem Seienden, indem er mißt und wertet, beurteilt und unterscheidet. Das Zufällige will er und muß er fallen lassen, indem er sein Interesse von ihm abzieht, also abstrakt denkt.

Abfall

Das Jahr geht zuende –
der Kirschblütenfluß
voller Unrat.
                (Buson)

Eine Strohsandale
versank im alten Teich –
Schneeregen.
                (Buson)

Was für ein Fall, was für ein Fallen ist der *Abfall?* Welches Bild läßt sich von ihm zeichnen? Das ist nicht so schwer zu beantworten, wenn wir ihn in seiner unmittelbar wörtlichen Bedeutung nehmen, als Ab-fall, als Fallen oder Sich-fallenlassen weg von etwas anderem, zu dem der oder das Abfallende zuvor gehört hat. Was nicht gehalten wird von etwas oder sich selbst nicht daran festhält, das fällt ab. So etwa, wenn einer den sicheren Halt des Glaubens losläßt und von Gott abfällt. Verbündete fallen ab. Früchte fallen ab vom Baum. Das Terrain kann abfallen, die Straße, die Temperatur, die Spannung, die Leistung. Dabei handelt es sich zumeist um das Nach-unten-abweichen von einer zunächst gehaltenen Lage oder Stellung oder von einem als Maßstab gewählten Niveau. Bei gewissen Hantierungen kann von dem jeweils Gebrauchten oder Entstehenden auch noch etwas anderes, nicht Beabsichtigtes abfallen. Oder es fallen Brosamen vom Tische des Reichen ab; er wirft sie dem Armen nicht zu, sondern sie fallen beim Konsumieren unbeachtet ab, weil sie

Abfall

allzu reichlich da sind. Mit »abfällig« bezeichnet man gewöhnlich eine verächtliche, despektierliche Äußerung gegenüber jemandem oder etwas, der oder das vom üblichen und geschätzten Standard abfällt. Der Daumen zeigt sozusagen nach unten, die positive Meinung über diesen Menschen oder diese Sache läßt sich nicht halten.

Doch zumeist bedeutet Abfall heute etwas anderes, er ist mehr oder weniger gleichbedeutend mit *Müll*. Der Übergang zwischen beiden Bedeutungen ist allerdings fließend. Zwischen »abfallen von etwas« und Abfall als übrigbleibender Rest ist zuweilen keine genaue Grenze zu ziehen. Ein schönes Beispiel hierfür sehe ich in einer Bemerkung von Kafka in einem Gespräch mit Max Brod. Kafka sagte: »Wir sind nihilistische Gedanken, die Gott in den Sinn gekommen sind«, und etwas später: »ich glaube nicht, dass wir solch ein radikaler Abfall von Gott sind, nur eine von seinen schlimmen Launen. Er hatte einen schlechten Tag.« Zunächst könnte man meinen, unter »Abfall von Gott« sei hier in üblicher Weise ein Abfallen von Gott verstanden. Schaut man genauer hin, hat Kafka aber wohl auch eine schlechte, überflüssige, sinnlose Seite von Gott im Blick.

Eine gewisse Zwischenstellung zwischen dem zuvor genannten unmittelbaren Abfallen und dem Abfall qua Müll, um den es im Folgenden geht, nimmt der natürliche Abfall ein, tierischer und menschlicher (z. B. Kot, Haare, in strengem Sinne auch die Leichen[1] bzw. Kadaver) und pflanzlicher Abfall (z. B. abgefallene Blätter, gefallene Stämme). Dieser natürliche Abfall fällt – wie die Brotkrumen beim Essen – ab

---

[1] Einen bemerkenswerten Unterschied des Menschen-Abfalls gegenüber dem der Tiere könnte man im übrigen darin sehen, daß der Mensch sich mit einer weltweit verbreiteten Beerdigungskultur um die menschlichen Überreste kümmert, um sie in einer Weise zu »entsorgen«, die ihnen gleichwohl ein gewisses Bleiben verschafft.

beim Lebensprozeß als solchem; er zersetzt sich oder verrottet. Auch die Reste menschlich hergestellter Dinge aus organischem Material, insgesamt die biologisch abbaubaren Abfälle kehren in den Gesamtzusammenhang der Natur zurück. Demgegenüber ist der künstliche, anorganische, zumeist synthetische Müll viel weniger vergänglich[2], z. T. nahezu unverwüstlich.[3]

Dem Abfall gegenüber, der Müll ist, empfinde ich eine gewisse Widerständigkeit, wenn ich von ihm handeln will. Obgleich der Abfall in diesem Sinne in unserem Alltag seit Jahrzehnten eine immer größere Rolle spielt,[4] scheint er für die oder bei der Reflexion auf ihn doch gegenüber den anderen Fällen von »fallen« irgendwie abzufallen. Wie verhält es sich mit dem Abfall innerhalb des Sprachspiels »fallen«? Ich stelle mir ein – vielleicht ein bißchen nostalgisch wirkendes – Familienportrait vor, mit je für sich sehr verschiedenen, aber doch derselben Familie zugehörigen Personen, etwa aus vier Generationen; spielende Kinder im Vordergrund, Großeltern und Urgroßeltern im Hintergrund, Tanten und Onkel, ent-

---

[2] In amerikanischen Nationalparks sieht man gelegentlich Plakate mit der Auflistung der Verfallszeiten menschlichen Mülls, wie auch Schilder mit der Aufschrift: »Auch Zigarettenkippen sind Abfall«.
Plastikflaschen benötigen laut Umweltbundesamt 450 Jahre für ihre Zersetzung, ein Fischfang-Nylonnetz sogar 600 Jahre – von ihnen geraten jährlich ca. 25.000 Stück unkontrolliert in die Meere.
[3] Die Müllentsorgung – in der hier gemeinten Bedeutung zuerst 1889 in Meyers Konversationslexikon aufgeführt – ist zu einem neuen und gravierenden Problem geworden, seit die Menschen in ihrem alltäglichen Leben eine Fülle anorganischer Materialien verarbeiten und benutzen. Zwar trifft die klassische Archäologie bei ihren Grabungen nicht nur auf Knochen und Muschelschalen, sondern auch auf Schlacke, Scherben und zerbrochene Werkzeuge. Doch in der Gegenwart – ungefähr seit dem letzten Weltkrieg – ist die »Produktion« von künstlichem, synthetischem Müll zu einem kaum zu bewältigenden Problem geworden.
[4] Inzwischen gibt es Professuren für Abfallwirtschaft.

ferntere Vettern und Cousinen an den Rändern des Bildes, in der ruhigen Mitte die Eltern als die Hauptpersonen. Versuche ich statt der verwandten Menschen die Mitglieder der Sprachfamilie »fallen« zusammenzustellen, so habe ich gewisse Schwierigkeiten, den *Abfall* zu plazieren, vor allem wohl wegen des eher pejorativen Inhalts dieses Begriffs.[5] Einfall, Zufall, sogar Verfall scheinen irgendwie »würdigere« Themen der Betrachtung zu sein.

Gleichwohl sollte ich auch über diesen *Abfall* ein wenig nachdenken, – selbst wenn er auf jenem Familienbild vielleicht eher in einer hinteren Reihe und mehr am Rande steht, vielleicht das schwarze Schaf der Familie ist. In seiner meist gebrauchten Bedeutung[6] bezeichnet er den Rest, der bei einer Materialverwertung, bei einer Produktion oder einer Konsumtion übrig bleibt. Er fällt bei Material verbrauchenden Tätigkeiten entweder in der Weise an, daß sowohl die Ressourcen wie die Produkte nicht zur Gänze aufgebraucht werden, oder so, daß bei der Produktion oder Behandlung des Stoffs außer dem beabsichtigten Gegenstand etwas weiteres, aber nicht unmittelbar, jedenfalls nicht in der ursprünglich beabsichtigten Weise Verwertbares entsteht. Da der Abfall als solcher im Unterschied zum Überschuß nicht mehr im intendierten Sinn zu gebrauchen ist, muß er beseitigt, entsorgt werden.[7] Nationale und internationale Gesetze und

---

[5] Es gibt bemerkenswert viele Bezeichnungen für diese Sache, wobei wir zuweilen auch noch die englischen Bezeichnungen hinzugebrauchen: Abfall, Müll, Schrott, Unrat, Kehricht, Mist, Ausschuß, Ramsch – waste, garbage, trash, junk.

[6] Im Grimmschen Wörterbuch fehlt die heute gängige Bedeutung noch ganz.

[7] Schon in früheren Hochkulturen gab es große Müllhalden (Fäkalien, Asche, Knochen, Essensreste, Tonscherben etc.) vor den Stadtmauern und z. T. raffinierte Abwassermethoden und Kloakenanlagen. Der Hügel *Monte Testaccio* in Rom besteht zur Gänze aus Scherben, man schätzt,

Verordnungen kümmern sich um die Entsorgung des in der Konsumgesellschaft anfallenden Abfalls, insbesondere der gefährlichen Stoffe, z. B. des radioaktiven Abfalls, des Atommülls.

Wörtlich heißt »entsorgen« »von Sorgen befreien«. *Entsorgung* ist »der Oberbegriff für alle Verfahren und Tätigkeiten, die der Beseitigung oder Verwertung von *Abfällen* dienen« (Wikipedia). Die Sorge, um die es hier geht und für deren Wegschaffung im letzten Jahrhundert eben dieses Wort gebildet wurde, entstand mit der zunehmenden Erfahrung, daß die in universellem Maßstab erfolgende Produktion von künstlichen Waren, die zur schnellen Konsumtion und zugleich damit zum alsbaldigen Wegwerfen ihrer selbst und ihrer Reste geschaffen werden, die Gefahr mit sich bringt, daß diese *Abfall-Produkte* – was ja fast eine contradictio in adiecto ist – die Erde überschwemmen könnten, wenn sie nicht auf irgendeine Weise vernichtet werden.[8] Die Entsorgung ist nun zu einer eigenen Sorge geworden,[9] die im schlimmsten Fall wiederum einer Ent-sorgung bedürfte.[10]

---

daß 53 Millionen Amphoren auf dieser bis zum Ende des 4. Jahrhunderts n. Chr. benutzten Halde entsorgt wurden.

[8] John Steinbeck notiert in *Die Reise mit Charley: Auf der Suche nach Amerika:* »Amerikanische Städte sind wie Dachsbauten: von Abfall umgeben – alle ohne Ausnahme –, umzingelt von Bergen rostender Autowracks und fast erstickt unter Müll. Alles, was wir brauchen, kommt in Kisten, Kartons, Behältern, der sogenannten Verpackung, die wir so lieben. Die Berge dessen, was wir wegwerfen, sind sehr viel größer als die der Dinge, die wir benutzen.«

[9] Man mag sich an Platons Warnung erinnern, die ständige Sorge um die Gesundheit sei selbst eine Krankheit.

[10] Oder einer – um eine noch junge Wortbildung zu gebrauchen – Entängstigung. Entsorgung und Entängstigung entsprechen sich und sind analog gebildet. Zur letzteren vgl.: »Und Entängstigung, das ist so ein Begriff, den ich ein bißchen liebgewonnen habe, den gibt's eigentlich nicht, ist ein Neologismus, aber er sagt im Grunde genommen, Entängstigung heißt, man muss die Angst ein Stück wegnehmen. Wir können

Abfall

Abfall

Abfall

Bei der gedanklichen Auseinandersetzung mit dem Abfall zeigt sich eine merkwürdige Zweideutigkeit. Einerseits gibt es auf der Phänomenebene eine kaum überschaubare Fülle von – heute weitgehend bekannten – bestürzenden Fakten, von denen zu berichten wäre. Ich nenne nur einige wenige: Die Landschaften werden durch Plastiktüten und Bierdosen bis hin zu rostenden Autowracks verschandelt. Auch die Meere werden als Müllkippe benutzt; die Plastikinseln in den Ozeanen haben unvorstellbare Ausmaße angenommen. Oftmals hat bei der Abfallentsorgung die Mafia ihre Hände im Spiel und macht Millionengewinne.[11] Vor allem in Südamerika und in Südostasien sind riesige Müllbergslums entstanden.[12] Das absurde Paradox, daß es Menschen gibt, die von dem leben müssen, was andere Menschen weggeworfen haben, ist ein entlarvendes Signum unserer Zeit. Oftmals sind es auch nicht die Abfallhalden, sondern die Müllcontainer in den Höfen hinter Gaststätten und Supermärkten, aus denen sich die Hungrigen ihr Essen zusammensuchen. Daraus hat sich seit der Mitte der 1990er Jahre, aus den USA kommend, das *dumpster diving* oder heute auch *Containern* entwickelt, das teilweise nicht mehr aus Not, sondern aus Protest gegen die Wegwerfgesellschaft erfolgt: Die Müll-

---

alle ohne Angst nicht leben, aber wir brauchen einen richtigen Umgang mit der Angst. ... Also mir ist irgendwann aufgefallen, daß vor allen Dingen die Literatur ein idealer Übungsraum ist, um Angst zu nehmen«. (Klaas Huizing im Deutschlandfunk-Gespräch, 2009)

[11] Insbesondere mit illegalem Giftmüll. Italien hat in diesem Betracht eine traurige Berühmtheit erlangt.

[12] In besonderer Weise nahe Manila auf den Philippinen der inzwischen (1995) geräumte *Smokey Mountain* oder der im Jahr 2000 zusammengestürzte Payatas (mit 260 Toten). Der Roman *Trash* von Andy Mulligan schildert eindrücklich das Leben einer riesigen Bevölkerung an und auf einer Müllhalde, vor allem die erschütternde Situation der Kinder, die vom Sammeln der Abfälle ihr armseliges Leben fristen.

taucher ernähren sich fast ausnahmslos von dem, was in der Konsumgesellschaft *abfällt*.[13]

Zum anderen aber erscheint der »Fakten-Status« des Abfalls merkwürdig unbestimmt und fragwürdig. Wenn – zumal in einer Verwertungsgesellschaft – das Seiende generell seinen Sinn und sein Sein in seinem Zweck haben soll, ist der Abfall als solcher irgendwie *nichthaft*, nichtig. Eine global auf die sich stets überbietende Warenproduktion abzweckende Gesellschaft erzeugt gleichsam gegen ihren Willen – automatisch und sozusagen naturwüchsig – eine Welt des eigentlich Nicht-da-sein-sollenden, insofern Nichtigen. So wie für Aristoteles die Materie, der Stoff, »in gewissem Sinne nichtseiend« ist – weil sie an ihr selbst eben das (noch) nicht ist, was sie im gestalteten Ding ist –, so ist, wie man in einer vielleicht etwas gewagten Analogie sagen könnte, am anderen Ende der Hervorbringung der Ausschuß und Abfall ebenfalls in gewissem Sinne nichtseiend, insofern sie eben nicht das bezweckte Produkt, sondern gleichsam seine bloß beiherspielende[14] Schattenseite sind. Der Abfall ist etwas

---

[13] Auch die sogenannten Freeganer (gebildet aus *Veganer* und *free*) suchen sich ihren Lebensunterhalt aus Müllcontainern. »Die Ermahnung, nichts verkommen zu lassen, die ihre kriegsfolgengeschädigte Großelterngeneration in Deutschland als posttraumatischen Tic zu kultivieren pflegte, fungiert bei den Enkeln nicht mehr als Verzichtsappell angesichts von Notstand und Mangelwirtschaft, sondern als Ausdruck ›nachhaltigen‹ Wirtschaftens, ja als besonders avancierte Form von Luxus. Vom Müll zu leben, gilt ihnen nicht als Symptom eines erbärmlichen, eingeschränkten Daseins, das abzuschaffen wäre, sondern als Ernährungswellness, die sich jeder gönnen kann. Containern wird so zu einer Form des demonstrativen Konsums.« (Magnus Klaue, *Abfall für alle*)
In Deutschland ist das Containern illegal, weil der Abfall bis zu seiner Entsorgung Eigentum des Geschäftes oder Restaurants, aus dem der Müll kommt, bleibt. In der Schweiz und in Österreich dagegen gilt, daß das, was weggeworfen wird, niemandem mehr gehört.
[14] Zeigt sich hier wieder eine der gleichsam unterirdischen Beziehungen, die zwischen den in diesem Buch betrachteten Begriffen oder Sachen im-

Sinnloses, das bei der Produktion eines Sinnvollen herausspringt. Vielfach versuchen Recycling und Wiederverwertung ihm einen eigenen, neuen Sinn zu verleihen, seine Überflüssigkeit zu tilgen. Seine Neucodierung soll ihm den Status eines Seienden geben.

Der Nichthaftigkeit des Abfalls entspricht die Dringlichkeit seiner Entsorgung.[15] Diese geschieht zu einem Teil auf dem Wege der Müllverbrennung und auch noch durch bloße Wegschaffung auf Deponien. Sie erhebt so den Anschein der Vernichtung und realisiert damit sozusagen den Nichthaftigkeitscharakter als solchen. Zum anderen Teil geschieht sie durch die genannte Neucodierung, indem der Abfall einer neuen Verwendung zugeführt wird. Das irgendwie Nichtseiende wird umgewandelt in ein neues, jetzt sinnvolles, gebrauchsfähiges Seiendes. Im Grunde täuscht das Wort »recycling«. Denn der Abfall wird eigentlich nicht *wieder* in den Kreislauf der Warenproduktion *zurück*geführt, er wird als solcher verwertet oder gar aufgewertet *(upcycling)* und verliert damit seinen Status als Abfall.

Frühe »Recycler« waren übrigens die *Lumpensammler*. Ich habe aus meiner Kindheit noch den Singsang des Lumpensammlers »Lumpen Flaschen Papier« im Ohr, wenn er mit seinem Wägelchen durch die Straßen fuhr. Der Abfall war das »Altmaterial«, das gesammelt, getrennt und wiederverkauft wurde. Die *Lumpen*[16] spielten dabei die größte und darum namengebende Rolle.

---

mer wieder auftauchen? Das bloß Beiherspielende, das Akzidentelle, ist das zufällig Zufallende.
[15] »Die Konsumgesellschaft wäre undenkbar ohne eine blühende Abfallbeseitigungsindustrie. Daß Konsumenten den Objekten, die sie mit der Absicht erwerben, sie zu konsumieren, Treue schwören, ist nicht vorgesehen.« (Bauman, Pos. 468)
[16] »Die Nachfrage nach Stoffabfällen stieg stetig seit der Erfindung des Buchdrucks mit beweglichen, wieder verwendbaren Lettern durch Guten-

Gleichsam in Klammern möchte ich noch anfügen, daß es so etwas wie ein gewisses alltägliches »Lumpensammeln« gibt: das »Nicht-wegwerfen-können«. Wohl in jedem Haushalt finden sich Schubladen, in denen diverse »Abfälle« wild nebeneinander liegen: einzelne Knöpfe, kleine Hölzer, Keramikscherben, Verpackungsmaterial, Bindfadenstücke etc. Brecht schreibt in einem seiner *Notizbücher* über Goethe: »Er ordnete die Gefühle. / Er hatte ein so gutes Gedächtnis. Wußte immer, was ihm einmal eingefallen war (Oder fiel ihm nichts ein, nur alles auf?) / … Es ging ihm gut: Er legte Wert darauf: … Seine Abfälle sammelte er mit Ehrfurcht. Er hatte einen Gelegenheitssinn.« (BFA Bd. 21, 69) Martin Kölbel erweiterte diese Bemerkung in der Badischen Zeitung auf Brecht selbst, wobei er auch dessen »Abfälle« als »geistige und künstlerische Abfälle«[17] versteht: »Dieses Urteil gilt auch für Brecht, die ›Ehrfurcht‹ einmal abgezogen. Was von seinen Projekten als ›Abfall‹ übrigblieb, landete nicht einfach auf dem Müll. Er bewahrte es auf als Material, als Wertstoff für künftige Projekte, als Anlass für die Revision gestriger Werke.« In gewissem Sinne könnte man sagen, daß alles, was einem »einmal eingefallen« ist, als jeweiliger Abfall im Schacht der Erinnerung aufbewahrt wird, bis es bei Gelegenheit wieder hervorgesucht, »recycelt« werden kann.[18] Selbst

---

berg um 1450. Papier, in Europa seit Ende des 13. Jahrhunderts bekannt, und damit auch der ›Rohstoff‹ Lumpen waren plötzlich so begehrt, dass selbst oben auf der Kanzel die Pfarrer so genannte Lumpenpredigten hielten, ein Sammelaufruf zur Nachhaltigkeit. Feine Lumpen lieferten feines Papier, grobe Lumpen grobes Papier, wollene Lumpen Löschpapier.« (Michaela Vieser, *Von Kaffeeriechern, Abtrittanbietern und Fischbeinreißern: Berufe aus vergangenen Zeiten*)
[17] Vgl. unten S. 147, Anm. 6: »eine Müllkippe für Gesagtes, Gedachtes, Erlebtes, Verschwiegenes«.
[18] Die Beziehung zwischen dem Schacht der Erinnerung und damit dem Unbewußten überantworteten Vergangenen und einem »geistigen Abfall« wäre ein spannendes Thema. Kracauer hat mit seiner ambivalenten

was auf dem *Müllhaufen der Geschichte* landet, kann vielleicht irgendwann eine neue Blüte erleben.

*

HA Schults *Trash People*[19] heißen so, weil sie aus Müll gemacht wurden. Zugleich sollen sie den Protest gegen die »Vermüllung der Welt« zum Ausdruck bringen. Soweit ich sehe, steckt in diesen »Abfall-Leuten« keine Aussage über das Zum-Müll-werden der Menschen selbst. Dies ist jedoch die grausamste und un-menschlichste Seite der heutigen Abfall-Realität, auf die ich bei meinen Überlegungen zum Abfall gestoßen bin: daß die unheimliche Bildung des Begriffs »menschlicher Abfall« durchaus einer Wirklichkeit der geschichtlichen Entwicklung des Menschen auf dieser Erde entspricht.

Daß der Abfall für die Kunst interessant geworden ist,[20] liegt zu einem guten Teil daran, daß er aus dem vorgegebenen Verwertungszusammenhang herausgefallen ist und somit de facto als dessen Infragestellung gesehen werden kann. Eine absolute Pervertierung der gesellschaftspolitischen Kritik bedeutet es jedoch, wenn von bestimmten »abgehängten« Teilen der Bevölkerung als »menschlichem Abfall« gesprochen wird.[21] Wie der Abfall als solcher keine

---

Einschätzung der *Photographie* darauf hingewiesen, daß die Photographie als solche – als festhaltende, dem unmittelbar Gemeinten entfremdende – das Vergangene darstellt, er spricht geradezu von dem »in der Photographie gespiegelten Abfall« (a.a.O., 13) Zugleich: »aber der Abfall war einmal Gegenwart« (a.a.O., 8).

[19] S. unten S. 149.
[20] Vgl. das Kapitel »Abfall in der Kunst«, unten S. 141.
[21] Zu vergleichen wäre hier der bereits in der Mitte des 19. Jahrhunderts in den amerikanischen Südstaaten entstandene Begriff des *white trash*, der in seiner heutigen Verwendung ebenso wie der des *menschlichen Abfalls* maßgeblich das Moment des Überflüssigwerdens durch die neuen

sinnvolle Rolle und Funktion im Ganzen mehr spielt, wie er deswegen stört und auf möglichst unauffällige Weise zu entsorgen ist, so sind im Verlauf der gesellschaftlichen Entwicklung ganze Menschengruppen entstanden, die vom Gesichtspunkt des reibungslosen Warenverkehrs aus »Draußengebliebene« sind, mit denen nichts anzufangen ist, die durch ihre bloße Existenz lediglich stören. »Europa wird mit ›menschlichem Abfall‹ überflutet. Klar und deutlich: Das ist ›menschlicher Abfall‹, der nicht arbeiten will. Amerika wurde zur Macht, weil die Einwanderer bereit waren zu arbeiten.« (Aus einer Rede des Polen Janusz Ryszard Korwin-Mikke im EU-Parlament)

> Abfall
> Die immer größer werdende Menge
> Des Abfalls der Konsumgesellschaft
> Türmt sich nicht nur auf stinkenden
> Mülldeponien, auf seine Entsorgung
> Oder Wiederverwertung wartend.
> Sie läuft auch auf zwei Beinen
> Hungernd, frierend und verwahrlost
> Durch die Stadt, auf der Suche
> Nach Wiederverwertbarkeit
> In der Hoffnung der endgültigen
> Entsorgung zu entgehen
> (Monika Hensel, *Seelenmosaik*)

Der Abfall läuft auf zwei Beinen durch die Stadt. Das Wort »menschlicher Abfall« bezeichnet zwar zunächst die menschlichen Fäkalien, vor allem dann den von Menschen produzier-

---

Technologien sowie des Nichtmitkommens in der Konsumgesellschaft enthält.

ten Müll, z. B. an exotischen Stränden, es wurde auch als Schimpfwort gebraucht,[22] aber es hat heute eben auch die schreckliche Bedeutung erlangt, die sich in diesem Gedicht ausspricht. *Menschlicher Abfall* wurde, insbesondere durch die Analysen von Zygmunt Bauman, geradezu zu einem soziologischen Terminus: »Flüchtlinge sind der Inbegriff von ›menschlichem Abfall‹, weil sie in dem Land, in dem sie angekommen sind und vorübergehend bleiben, keine nützliche Funktion erfüllen und man weder beabsichtigt noch ihnen in Aussicht stellt, sie in die neue Gesellschaft aufzunehmen und einzugliedern.«

Als menschlichen Abfall bezeichnet Bauman die »nutzlosen Menschen«, denen das Weiterleben in ihrer Heimat verwehrt ist, die »deplaziert«, »ungeeignet«, »unerwünscht« sind.[23] Das sind einerseits die Flüchtlinge, andererseits aber auch die sogenannten Langzeitarbeitslosen. In einer Konsumgesellschaft fallen die – aus welchen gesellschaftlichen oder persönlichen Gründen auch immer – Un-produktiven aus der anerkannten Gemeinschaft heraus, sie werden zum bloßen Abfall. »Menschlicher Abfall« sind die Armen und Elenden, also diejenigen, die in Verhältnissen leben, in denen der Mensch nach Marx »ein erniedrigtes, ein geknechtetes,

---

[22] Roland Dantz, Oberbürgermeister von Kamenz, zitiert aus einem Bürger-Schreiben: »Wenn der Tag der Abrechnung kommt, werde ich dabei sein, wenn du menschlicher Abfall verbrannt wirst, lebendig im Feuer, versteht sich.« (in: Anne Hähnig et al., *Wir werden bedroht*)

[23] Bauman schreibt: »Die Moderne ist von Anbeginn gekennzeichnet durch Wanderungsbewegungen zahlloser Menschen, die in den gesellschaftlichen Ordnungen ihrer Herkunftsländer nutzlos wurden, auswanderten und durch den Export ihres Lebensstils die Existenzgrundlagen in ihren Zufluchtsländern zerstört haben. Heute ist der Planet bis in die letzte Ecke besetzt. Es gibt keine Müllabladeplätze mehr. Die Überflüssigen fallen aus dem Klassensystem, aus jeder gesellschaftlichen Kommunikation heraus und finden nicht wieder hinein.«

ein verlassenes, ein verächtliches Wesen ist.«[24] (*Zur Kritik der Hegelschen Rechtsphilosophie. Einleitung*, 24)

Zu menschlichem Abfall werden alle, die dem globalen Modernisierungsdruck nicht standhalten können. Der Begriff »Lumpenproletariat« deckt zwar an sich mehr und anderes ab als der des »menschlichen Abfalls«, er umfaßt aber andererseits durch den Verweis auf die *Lumpen* durchaus das, was Rosa Luxemburg dem der »Verlumpung« anheimgefallenen »sozialen Abfall« zurechnet oder was Marx als »Auswurf, Abfall, Abhub aller Klassen« bezeichnet. Zum menschlichen Abfall gehören diejenigen, die sich in die Zweck- und Nutzungszusammenhänge der modernen Gesellschaft nicht mehr einzufügen vermögen, die Abgehängten, die »Fortschrittsverlierer der Hochleistungsgesellschaft«.

Zum Modernisierungsdruck gehört für Bauman eine weitgehende Anpassung an die Warenförmigkeit der Konsumgesellschaft. Die Einzelnen haben einen Wert innerhalb der Gesellschaft nur noch, indem sie selbst zur Ware werden. Entsprechend werden sie zu bloßem Abfall, wenn sie den Anforderungen des Warentausches nicht mehr genügen, wenn sie »keine nützlichen Funktionen« mehr erfüllen und so zu »überflüssigen Menschen« werden. Wer überflüssig ist, ist nutz- und also sinnlos. Er hat kein Recht da zu sein, er ist bloßer Abfall.[25]

---

[24] Marx fährt fort: »Verhältnisse, die man nicht besser schildern kann als durch den Ausruf eines Franzosen bei einer projektierten Hundesteuer: Arme Hunde! Man will euch wie Menschen behandeln!«
[25] Entsprechend wünschte sich der AfD-Politiker Alexander Gauland, die Integrationsbeauftragte Aydan Özoguz in Anatolien zu *entsorgen*.

zerfallen

Das *Zerfallen* ist einerseits eine besondere Weise des *Verfallens*, steht andererseits aber auch inhaltlich neben jenem. Es bedeutet das Auseinanderbrechen eines materiellen oder geistigen Einheitlichen sowohl in seine Teile oder Bruchstücke wie auch in oder zu Staub. Die Teile, in die das Zerfallende sich auflöst, können von derselben Art sein wie es selbst. Oder es handelt sich nicht um ein bloß mechanisches Zerfallen; hier können die Teile untereinander wie gegenüber ihrem Ganzen mehr oder weniger unterschiedlich sein. Das unheimlichste und bedrohlichste Zerfallen, das wir kennen, ist das radioaktive Zerfallen des Urans mit seiner unser Vorstellen übersteigenden Halbwertzeit.

Für das christliche Abendland zerfällt der Mensch in einen unsinnlichen geistigen und einen sinnlichen, vergänglichen Teil. Es ist ein Charakteristikum des sterblichen Leibes, daß er zu Staub zerfällt. Das Zerfallen ist überhaupt ein besonderes Signum der Endlichkeit und Vergänglichkeit alles Irdischen. Gebäude, und seien sie auch aus Stein gebaut, zerfallen. Große und kleine Reiche zerfallen.[1] Die Isotope des Uran zerfallen. Die ganze Welt zerfällt. Ein Leichnam zerfällt. Die Hoffnung zerfällt. Die »großen Erzählungen« zerfallen.

Die Dichter haben das irdische Zerfallen immer wieder zum Thema gemacht. Ich führe kommentarlos drei Beispiele an. Das erste stammt aus dem langen Gedicht *Morgue* von Georg Heym. Es endet so:

---

[1] Vgl. den Zerfall Jugoslawiens und der UdSSR.

zerfallen

> Werden wir sein, wie ein Wort von niemand gehöret?
> Oder ein Rauch, der flattert im Abendraum?
> Oder ein Weinen, das plötzlich Freudige störet?
> Oder ein Leuchter zur Nacht? Oder ein Traum?
> Oder – wird niemand kommen?
> Und werden wir langsam zerfallen.
> In dem Gelächter des Monds,
> Der doch über Wolken saust,
> Zerbröckeln in Nichts,
> – Daß ein Kind kann zerballen
> Unsere Größe dereinst
> In der dürftigen Faust.

In Rilkes *Duineser Elegie* heißt es gegen Ende, wo das Sein der Menschen dem der kleinen Kreatur entgegengesetzt wird:

> Und wir: Zuschauer, immer, überall,
> dem allen zugewandt und nie hinaus!
> Uns überfüllts. Wir ordnens. Es zerfällt.
> Wir ordnens wieder und zerfallen selbst.

Dieser tiefen Traurigkeit der menschlichen Existenz sei Goethes Optimismus kontrastierend zur Seite gestellt. Der Schluß des Gedichts *Eins und Alles* lautet:

> Das Ewige regt sich fort in allen:
> Denn alles muß in Nichts zerfallen,
> Wenn es im Sein beharren will.

Ein anderes Zerfallen als das der kreatürlichen, irdischen Vergänglichkeit ist das »ontologische« Zerfallen, das in unterschiedlichen Theorien des Subjekts begegnet. Dieses Zerfallen ist kein Verfallen, kein Hinfälligwerden, sondern ein

Auseinanderfallen im Sinne eines Sichentfaltens in miteinander kommunizierende Komponenten. »Daher ist auch das Selbstbewußtsein nicht schlechthin einfach, sondern zerfällt ... in ein Erkennendes und ein Erkanntes«. (Schopenhauer, *Über die vierfache Wurzel ...*, §41) Die neuzeitliche Welt zerfällt, anders gesagt und gedacht, in eine Dimension der Subjekte und eine Dimension der Objekte. Vor allem aber zerfällt das Subjekt seinerseits in unterschiedliche Seiten, es ist dialektisch in sich selbst. Für einige Gelehrte zerfällt es in *Dasein* und *Sollen*, für andere in *Erkennen* und *Begehren*, oder in *Verstand* und *Sinnlichkeit*. Das Subjekt zerfällt sich in sich selbst, wenn es sich in seine unterschiedlichen Momente auseinanderlegt.

Kunst und Zufall

Der griechische Terminus *techne* bezeichnet das Sich-verstehen auf etwas, auf ein Hervorbringen, auf ein Tun überhaupt, auf eine überzeugende Rede *(techne poietike, praktike, rhetorike)*. Jeweils ist ein Wissen davon vorhanden, was erreicht werden soll, welche Mittel (welches Material) dafür nötig sind und wie dementsprechend vorzugehen ist, damit das angestrebte Ziel erreicht werden kann. Wie die Wissenschaft und die Technik ist auch die *Kunst* eine spezifische Weiterbildung dieser *techne*. Wenn sich darum im zwanzigsten Jahrhundert verschiedene Künstler in vielfältiger Weise dem *Zufall* anvertrauen, so scheint dies zunächst deren eigenster Natur zu widersprechen bzw. eine gegenüber der Tradition entscheidend gewandelte Konzeption von Kunst zu bezeugen.[1]

Jedenfalls bedeutet es einen ausgesprochenen Bruch mit der abendländischen Tradition,[2] wenn die künstlerische Hervorbringung aus den Regeln der formenden Bewältigung eines fixen Materials ausbricht und so gewissermaßen zu einer Selbsthervorbringung der Kunst gelangt. Koinzidenz

---

[1] Wenn die Documenta 14 vornehmlich auf die politischen Aussagen der Kunst setzt, so geht es offensichtlich nicht um das Spiel des Zufalls, sondern um Absicht und nachvollziehbare Argumentation.

[2] Allerdings: was ist eigentlich die *Kunst*? Was wäre denn, wenn wir uns hier auf die bildende Kunst beschränken, das Gemeinsame in den Statuen des antiken Griechenland einerseits und der Kultstätten der Inka andererseits? In den mittelalterlichen Tafelbildern und den Gemälden eines van Gogh, eines Mondrian, eines Georgiou (dessen Bilder auf der 14. Documenta in Kassel gezeigt werden)?

und Akzidentalität, Improvisation und Aleatorik, Randomisierung und Stochastik sind verschiedene Weisen, den Zufall in die künstlerische Tätigkeit einzubeziehen. Ausdrücklich ist dabei bisweilen eine »Rückkehr« zur *Natur* und damit implizit eine Absage an die *Kunst* im Sinne der *techne* intendiert. Zudem wird durch die Einführung des Moments des Zufalls in den Bereich der Kunst noch einmal sichtbar, daß das Zufällige durchaus ein Hervorgebrachtes sein und als solches seine jeweiligen Gründe haben kann, – nur daß diese Gründe keine bestimmten, rational entworfenen sind.

In der *Architektur*, die über die Anforderungen der Funktionalität und damit auch der Statik eng an die Rationalität und die Zweckhaftigkeit des bauenden Handelns gebunden scheint, hat der Zufall im letzten Jahrhundert eine ungewöhnliche Bedeutung erlangt. Josef Frank prägte 1958 den Begriff *Akzidentismus*. Die zuvor genannte Rückwendung zur Natur zeigt sich darin, daß Frank so gestalten wollte, als wäre das Ergebnis »durch Zufall entstanden« (zitiert nach Maria Welzer, *Josef Frank*, 213), d. h. als wäre es nicht primär durch den Entwurf und das Tun des Architekten, sondern von Natur aus und damit zugleich aus sich selbst heraus so geworden, wie es nun einmal geworden ist. Wie in anderen Kunstformen der Zeit will auch hier der Künstler »weg von einer subjektiven Idee« des zu Gestaltenden, »hin zur Objektivität zufälliger Treffer, die ihre eigenen Gesetze haben.« (Monika Köhler, *Wenn aus Zufall Kunst entsteht*)

Entscheidend ist für dieses quasi-natürliche Werden u. a. der Gebrauch, durch den die Gebäude kontinuierlich verändert werden. »Ich bin jetzt überhaupt der Ansicht,« schreibt Frank, »daß vieles des Guten nur durch Zufall entsteht und nicht von Anfang an mit Absicht. Z. B. von Anfang an geplante Plätze waren der St. Peterplatz in Rom oder der Place Vendôme, schön, aber langweilig. Der Marcusplatz in Venedig war aber doch mehr zufällig, denn wie hat man zur

Zeit des Kirchenbaus wissen können, wie die Kollonaden aussehen würden?« (zitiert nach Welzer, a. a. O., 234) Die Weise, wie die Venezianer – nicht geplant, sondern gewissermaßen zufällig – von der räumlichen Umgebung von San Marco Gebrauch gemacht haben, hat dem Platz seine unnachahmliche Gestalt und Schönheit gegeben.

Der Architekt schafft nicht in erster Linie eine spezifische Form, sondern er spielt verschiedene *Varianten* einer Idee – wie auch der Materialien, des Verfahrens, der Formdetails – durch. »Irgendwann fällt er eine Entscheidung und sagt: Das ist es.« (Jacques Herzog) Die dann tatsächlich gewählte Form entstammt insofern dem Zufall, als es unvorhersagbar und absichtslos ist, wozu sich der Künstler schließlich entscheidet. »Mehr oder weniger zufällig gefundene Formen werden in mehr oder weniger zufälligen Verfahrensschritten zu einer mehr oder weniger zufälligen Gesamtform gefügt, und alles hätte als Variante auch anders ausfallen können.« (Christoph Allenspach, *Zufall als Entwurfsprinzip in der Architektur*)

Die *Variation* spielt hier also eine wichtige, fast eigenmächtige Rolle. Entstehen Formen und Strukturen in offenem Spiel, dann eröffnet sich ein Feld verschiedener Möglichkeiten, aus denen sich wiederum neue Formen und Strukturen ergeben können. Wenn »anything goes«, dann ist es letztlich zufällig und beliebig, welche Möglichkeit zum Zuge kommt. Eindeutige Rationalität, Regelhaftigkeit, Zweckrationalität wird auf diese Weise *dekonstruiert*. Die Variation bedeutet *Differenz*. Unterschiedliche Möglichkeiten werden eröffnet, in ihnen zeigen sich Andersartigkeit und Fremdheit. Das scheinbar Feststehende kommt durch die zufällige und ausprobierende Veränderung in Bewegung.

Ich zitiere zur Illustration aus einem ZEIT-Interview mit Peter Eisenman, dem Architekten des Berliner Jüdischen Mahnmals:

Kunst und Zufall

»Eisenman: Da hat uns der Computer wunderbar geholfen. Wir haben ein paar Grunddaten eingegeben, und dann hat er zwei unterschiedliche und ganz zufällig geformte Flächen ausgespuckt. Diese beiden Flächen haben wir übereinander gelegt und sie durch die Stelen miteinander verbunden. Die eine Fläche wurde so zum Boden des Mahnmals, die andere markiert die Oberkante der Stelen.
ZEIT: Das heißt, Sie haben beim Entwerfen viel Kontrolle an den Computer abgeben. Sie haben den Zufall zum Prinzip gemacht.
Eisenman: Ja, es ist eine Möglichkeit, den herkömmlichen Vorstellungen von Architektur zu entkommen und etwas ganz anderes entstehen zu lassen. Verstehen Sie, es ist die Andersartigkeit, die Differenz, auf die es mir ankommt.«

Den Zufall in die jeweilige Arbeit einzubeziehen, bedeutet ein Sich-Befreien von den Zwängen herkömmlicher Formen und Strukturen, indem man auf die sich im künstlerischen Prozeß ergebenden unvorhersehbaren Möglichkeiten achtet und jeweils in eine Kommunikation mit ihnen eintritt, handele es sich um Momente der formalen Gestaltung oder um Momente des Materials. Und nicht nur das im Arbeitsprozeß sich zufällig Ergebende, sondern der Zufall selbst wird mit ins kreative Spiel gebracht: Die Farben der Glasfenster von Gerhard Richter im Kölner Dom verdanken sich dem Zufallsgenerator.

Eine besonders auffällige Bedeutung gewinnt der Zufall in der *Musik* um die Mitte des vergangenen Jahrhunderts. Bei Komponisten wie Pierre Boulez, Karlheinz Stockhausen und vor allem John Cage wird dem Zufall in den verschiedensten Weisen und Richtungen eine bedeutende Rolle zuerkannt. Ob man Münzen oder Würfel wirft, sich den Entscheidungen des Orakelbuchs *I Ging* oder des Zufallsgenerators überläßt, ob man den Ausführenden der Stücke die Reihenfolge, die Lautstärke, die Instrumentation, eigene Improvisationen, Interaktionen mit dem Publikum und vieles andere mehr anheimstellt, jeweils wird die Bestimmungsmacht des Komponisten und der Kompositionsregeln und -tradionen gebrochen, sodaß der Künstler sich seinem Werk sogar als etwas Fremden gegenüber sehen kann.[3] »Damit sind geschlossene Form und logische Einheitlichkeit im Gebrauch ihrer Mittel, die das Kennzeichen der klassischen europäischen Musikformen waren, zur Disposition gestellt. Ob an ihre Stelle numerische Konstruktion, Zufallstechniken oder individuelle Expressivität treten, ist für jeden Komponisten offen.« (Hans Zender, *Denken hören – Hören denken*, 30)

Der Komponist sollte, sagt Cage, »die Töne zu sich selbst kommen lassen, anstatt sie für den Ausdruck von Gefühlen, Ideen oder Ordnungsvorstellungen auszubeuten«. »Die grundlegende Idee ist die, daß jedes Ding es selber ist, daß sich seine Beziehungen zu anderen Dingen ... ganz natürlich ergeben, ohne aufgezwungene Abstraktion von Seiten eines ›Künstlers‹.« (Aleatorik, Wikipedia) Der Welt und ihren Dingen wird die Möglichkeit gegeben, selbst auf die in der Situation jeweils zufallende Weise zum Klingen zu kommen. Beliebige Klangfolgen ergeben sich, wenn dem Klingenden selbst Raum gegeben wird. Während in der klassischen Musik bestimmte, die Formen prägende Normen und Regeln bestehen, wird in der Gegenwartsmusik mit ihren »neuen Strategien der Klang- oder Formgestaltung« die Form gewis-

---

[3] »Stockhausen ... hat immer wieder gefordert, daß der Komponist beim Komponieren zuhört. Seine Beurteilungen von neuen Kompositionen waren so, daß er, z.B. beim Kagel, gesagt hat: ›Er fängt an zuzuhören‹, bei anderen: ›Er hört noch nicht zu. Er weiß nicht, wie lang ein Klang braucht.‹« (Kurt Schwertsik, in: *Darmstadt-Gespräche*, 55).

sermaßen freigegeben, wozu auch ungewöhnliche Instrumente oder technische Mittel gehören. Die nicht bewußt getroffene Auswahl aus Klängen, Tönen, Geräuschen, die jede Regelhaftigkeit ausschließt, führt zu einem im Ganzen zufälligen Ergebnis. Die sinnliche Variabilität des Tonmaterials bringt sich selbst zum Ausdruck, ähnlich wie in der Architektur die Variabilität der unterschiedlichen Baumaterialien.

Ein besonderer Raum für den Zufall entsteht in der Musik durch den für diese Kunst charakteristischen Part des Interpreten. In dem von Mauricio Kagel zu den Olympischen Spielen 1972 komponierten Stück *Exotica* spielen 6 singende Instrumentalisten auf rund 200 in Europa unbekannten Blas-, Saiten- und Schlaginstrumenten. Die Ausführenden wählen jeweils ihr Tonmaterial, festgelegt sind lediglich *Rhythmik* und *Dynamik*.

Gleichwohl handelt es sich in all diesen Fällen weiterhin um *Kompositionen*. Wie zufällig auch immer die Klangart und -folge der Stücke sein mag, sie erscheinen mit dem Anspruch, Kompositionen zu sein. Wenn Boulez vom »gelenkten und organisierten Zufall« spricht oder wenn Frank, wie ich schon anführte, sagt, er wolle die Umgebung so gestalten, »als wäre sie durch Zufall entstanden«, dann zeigt sich, daß die Rolle, die der Zufall in der Kunst spielen darf, keineswegs unbeschränkt ist. Es handelt sich jeweils um eine *beabsichtigte Absichtslosigkeit*, auch wenn zuweilen dem Interpreten – oder dem Material – eine gewisse Eigeninitiative zuerkannt wird, die also nicht in der Macht des Autors steht und so von diesem her gesehen beliebig und zufällig ist.

Der Autor ist hier nicht Hersteller, sondern im wörtlichen Sinne Zusammen-steller, Kom-ponist des Werks. Die Konstellation seiner formalen, strukturellen und materialen Momente erscheint als Zusammengestelltsein. Ein bloßes Nebeneinanderbestehen verschiedener Klangereignisse ist – genauso, wie es keine »Musik« ist – nicht *zufällig* zu nennen.

Es wird ein Zufälliges dadurch, daß aus dem Nebeneinander ein Zusammen wird, ein »Werk«. Der Künstler wird selbst zu einem Werkzeug oder vielleicht zu einem Organ des Zufalls, – wir können auch sagen: des Prozesses, des Geschehens, des Sich-Ereignens.

Will Cage »die Töne zu sich selbst kommen lassen«, so geht es in der sich dem Zufall überantwortenden *Malerei* entsprechend darum, die Farben und Formen zu sich selbst kommen zu lassen. Der Künstler gibt einen größeren Teil seiner Autorschaft ab an den Zufall, d. h. an ein unvorhersehbares und unplanbares Geschehen, das stark von unterschiedlichen Naturgesetzen abhängig ist, von der Schwerkraft, dem Luftwiderstand, den Fließeigenschaften usw.

Eine ausgezeichnete Rolle spielt der Zufall in Theorie und Praxis der Malerei seit Beginn des vorigen Jahrhunderts. Auch hier geht es darum, daß das Bild gewissermaßen aus sich selbst entsteht, – ohne vorherige Planung und kompetente Durchführung. Der Maler hält sich mit seinen eigenen Ideen zurück und läßt sich seine Bilder in gewissem Sinne von seiner zufälligen Umgebung, von der Natur, vorgeben. Leonardo da Vinci macht in seinem *Traktat von der Malerei* eine Bemerkung, in der dieses Inspiriertwerden durch den Zufall impliziert ist: »Achte diese Meinung nicht gering, in der ich dir rate, es möge dir nicht lästig erscheinen, manchmal stehen zu bleiben und auf die Mauerflecken hinzusehen oder in die Asche im Feuer, in die Wolken, oder in den Schlamm und auf andere solche Stellen; du wirst, wenn du sie recht betrachtest, sehr wunderbare Erfindungen zu ihnen entdecken. Denn des Malers Geist wird zu solchen neuen Erfindungen durch sie angeregt.« (53)

Doch kommt der Zufall nicht allein bei der vorgängigen »Erfindung« ins Spiel, sondern auch bei der aktuellen Verfertigung. Es wird erzählt, daß Hans Arp einmal mit einer Zeichnung nicht zurechtkam und sie zerriß. Als er die zufäl-

Kunst und Zufall

lige Lage der Papierfetzen auf dem Boden sah, schien sie ihm eben das auszudrücken, was er vergeblich zu zeichnen versucht hatte. »Was ihm mit aller Anstrengung vorher nicht gelungen war, hatte der Zu-Fall, die Bewegung der Hand und die Bewegung der flatternden Fetzen, bewirkt, nämlich Ausdruck. Er nahm diese Herausforderung des Zufalls als ›Fügung‹ an und klebte sorgfältig die Fetzen in der vom ›Zu-Fall‹ bestimmten Ordnung auf.« (Hans Richter, *Dada – Kunst und Antikunst*, 52)

Im Lauf der Zeit wurden die verschiedensten Methoden gefunden, den Zufall in geringerem oder größerem Maße in die künstlerische Produktion einzubeziehen. So hat z. B. der Dichter Victor Hugo als einer der ersten *Klecksbilder* zu Phantasiebildern verarbeitet. Max Ernsts *Oscillation*, Jackson Pollocks *drip-painting*, Niki Saint-Phalles *Schüsse mit einem Luftgewehr* auf Farbbeutel und mit Farbe gefüllte Luftballons sind drei unter vielen anderen phantasievollen Weisen, die Farbe mehr oder weniger zufällig zu verteilen und in mehr oder weniger zufälligen Formen auf den Untergrund zu bringen. Das *Fallenlassen* von Schnüren, Papierfetzen oder farbigen Papierstücken, Sand usw. fügt zufälliges Material in ebenso zufällige Formen zueinander. Jeweils wird auch hier auf die eine oder andere Weise versucht, ein Bild »zu sich selbst kommen [zu] lassen«. »Wir verwarfen alles, was Nachahmung oder Beschreibung sein könnte, um das Elementare und Spontane in uns frei wirken zu lassen.« (Arp, in einem Katalog) Oftmals besteht die Funktion des Künstlers nur mehr darin, das durch den Zufall oder zumindest mit Hilfe des Zufalls Entstandene zu *fixieren* (und zu Kunst zu erklären). Oftmals wird aber auch der »gesteuerte Zufall« bewußt als Mittel eingesetzt. Zumeist gehen jedenfalls auch in der Malerei wie in den anderen Künsten Absicht und Absichtslosigkeit eine bemerkenswerte Verbindung ein. Der Zufall fällt zu, wenn und indem man ihn zufallen läßt.

Verfall

Weißer Tau –
durchsichtig wird
die Spur des Verfalls.
              (Yatsuka)

Wie das Anfangen als die Schwelle zwischen Nichts und Sein die unauflösbare Problematik des Zugleich von Noch-nicht und Schon in sich trägt, so das Enden die umgekehrte Spannung von Sein und Nichts, von Fülle und Leere, von Erfüllung und Versagung. Wie das Anfangen sich von dem her bestimmt, was da anfängt, was *noch nicht* und doch, insofern es anfängt, zugleich doch irgendwie *schon ist,* so bestimmt sich das Aufhören davon her, daß da etwas nur *noch* da ist, daß es also, indem es zuendegeht, *noch* und doch zugleich schon *nicht mehr* ist.

    Das *Verfallen* ist ein spezifischer Übergang vom Sein ins Nichtsein. Nicht jedes Vergehen ist ein Verfallen. Das Verfallende vergeht aus sich selbst heraus, es trägt sein Ende in sich selbst. Verfallende Dinge – körperliche wie geistige – lösen sich auf in ihre Bestandteile, und zwar so, daß diese selbst zerfallen, zu »Staub und Asche« werden. Es ist unheimlich und manchmal erschütternd, einen Verfall zu beobachten. Weil sich hier etwas Bestehendes sozusagen selbst in Frage stellt, sich gleichsam selbst zersetzt. Ich denke, daß das »aus sich selbst heraus« das eigentlich Berührende am Verfall ist. Wir können ihn höchstens für eine kleine Weile aufhalten, er vollzieht sich letztlich unaufhaltsam. Und gewöhnlich ge-

Verfall

schieht er langsam, allmählich, zunächst vielleicht kaum wahrnehmbar.

»Verfallen« ist stets negativ konnotiert. Das Vergehen und Aufhören kann für sich sowohl in negativem wie in positivem Sinn erfahren werden. Das Ende von Schmerzen und Unglück, von Krieg und Ausbruch von Naturgewalten wird herbeigesehnt und willkommen geheißen. In einer Situation der Voll-endung, der Reife und Ernte z. B., kann das Ende als sinnvoll und berechtigt erscheinen. Das Glück und die Lust dagegen fürchten meistenfalls das Ende und beklagen das Vergehen. »Weh spricht Vergeh, doch alle Lust will Ewigkeit«, singt Zarathustra. Von »Verfall« aber sprechen wir nur im negativen Sinn, und genauer nur dann, wenn das Verfallen letztlich aus dem Verfallenden selbst kommt und sich keiner äußeren Gewalt verdankt und wenn sein Übergang ins Nichtsein allmählich vor sich geht.

Eindrucksvoll begegnet der Verfall in verwahrlosten Häusern und Scheunen, manchmal auch kleinen und sogar großen Kirchen auf dem Land, in Gebäuden, die ihre Funktion verloren haben und, wie man sagt, aufgegeben wurden. Durch Lücken im Gebälk regnet es herein, in kleineren und größeren Ritzen wächst das Unkraut, die Risse in den Böden machen natürlichem Wuchern Platz, Vögel und vielleicht sogar Fledermäuse nisten im Gemäuer. Es gibt viele Worte, die den Zustand eines solchen Verfallenseins näher kennzeichnen: vergammelt, verwahrlost, verwittert, verrottet, heruntergekommen.

Institutionen, Sitten, Werte verfallen. Sie werden alt, überleben sich, ihre Zeit ist vergangen, vielleicht wurde auch zu wenig Sorgfalt auf ihren Erhalt und ihre Pflege verwandt. Zwar kann dieser Verfall durch äußere Einflüsse, durch feindliche Überfälle oder Eroberungen oder etwa durch außergewöhnliche Naturereignisse gekennzeichnet sein. Aber wenn wir von Verfall sprechen, so gehen wir davon aus, daß das Bestehende aus sich selbst keine Kraft mehr zum Widerstand hatte, daß es schon von sich aus auf dem Weg zum Untergang war.

Die Beispiele, die einem einfallen, betreffen meist Menschen bzw. von Menschen Hergestelltes, das, so beständig es auch erscheinen mag, sein unabdingbares Verfallsdatum in sich trägt. Es verfällt, wenn es seine Schuldigkeit in der erforderlichen und vorhergesehenen Weise getan hat oder doch getan haben könnte. Lebensmittel etwa tragen den Keim ihres Verfallens in sich; sie verändern sich aus sich heraus und haben dann irgendwann ihren Sinn und ihre Funktion als Mittel zum Leben verloren, verändern sich oft sogar zu ihrem Gegenteil, werden giftig.

Zwar ist alles Natürliche endlich, es hat seine Zeit – und vergeht. Doch bezeichnen wir dieses Vergehen keineswegs immer als Verfallen, – auch wenn es ein natürliches, nicht durch äußeren Zwang herbeigeführtes ist und ein allmähliches Ende findet. Merkwürdigerweise sagen wir nicht, daß eine welkende Blume, ein austrocknendes Bachbett, ein verwitternder Stein *verfällt*. Nur Menschen, von Menschen Erfahrenes und von Menschen Gemachtes, wozu eben auch Häuser und Lebensmittel gehören, verfallen.

*

Herbst und Abend, die Endphase des Jahres- und des Tageslaufs, werden im persönlichen Erleben wie in der Dichtung oft als Bilder für den Abschied vom Sein, für das Vergehen erfahren. Es gibt unzählige Herbstgedichte, in denen das auf die Vollendung folgende Enden bzw. der Übergang zu ihm zur Sprache kommt. Und in vielen Abendgedichten wird der Übergang vom lauten und bunten Treiben des Tages zur Ruhe und Stille der Nacht gleich einem Abschied ins Nichts nachgezeichnet. Nur in besonderen Fällen aber ist dieser Ab-

Verfall

Verfall

Verfall

schied ins Nichts ein Verfallen. Ich konzentriere mich auf das Sonett *Verfall* von Trakl und kontrastiere ihm zur Erläuterung das Gedicht *Todeslust* von Eichendorff.

Verfall
Am Abend, wenn die Glocken Frieden läuten,
Folg ich der Vögel wundervollen Flügen,
Die lang geschart, gleich frommen Pilgerzügen,
Entschwinden in den herbstlich klaren Weiten.

Hinwandelnd durch den dämmervollen Garten
Träum ich nach ihren helleren Geschicken
Und fühl der Stunden Weiser kaum mehr rücken.
So folg ich über Wolken ihren Fahrten.

Da macht ein Hauch mich von Verfall erzittern.
Die Amsel klagt in den entlaubten Zweigen.
Es schwankt der rote Wein an rostigen Gittern,

Indes wie blasser Kinder Todesreigen
Um dunkle Brunnenränder, die verwittern,
Im Wind sich fröstelnd blaue Astern neigen.

Ich habe den Verfall als einen sich von sich, d. h. von dem Verfallenden her vollziehenden, langsamen Prozeß des Übergehens ins Nichts gekennzeichnet. Trakl dichtet in seinem Sonett ein Bild[1], das – in der zweiten Hälfte des Gedichts –

---

[1] Mir geht es um die Bilder und das durch sie evozierte Gesamtbild des Gedichts, nicht auf die möglicherweise in ihnen intendierten Symbole und tieferen Bedeutungen. Das Gedicht scheint in schulischen Curricula als Interpretationsaufgabe beliebt zu sein. In den Interpretationen von Schülern und Studenten wird mehrfach behauptet, der tiefere Sinn von »Verfall« liege darin, daß es eine dunkle Vorahnung auf kommendes Unglück zur Sprache bringe, da es ein Jahr vor dem 1. Weltkrieg entstanden

den Verfall so evident werden läßt, als hätten wir ihn unmittelbar vor Augen bzw. als wären wir mit in ihn hineingezogen. Es ist das Verfallen der vom Menschen gelebten und empfundenen Welt, das hier aufgezeichnet wird, – kein bloßes Vergehen der Natur im Herbst. Wie es einer tradierten italienischen Sonett-Regel entspricht, gibt es einen scharfen, hier durch ein »Da« artikulierten Gegensatz zwischen den beiden Quartetten einerseits und den beiden Terzetten andererseits. Erst dadurch, daß das Bild des Verfalls dem vorhergehenden Bild eines Nähe und Ferne verknüpfenden, besinnlich-gelassenen Abends unverbunden entgegengesetzt wird, entfaltet es seine eigentliche Sagekraft.

Die ersten beiden Strophen vermitteln eine ruhige Weile, gepaart mit der Öffnung in eine große Weite. Die Weitung des Blicks, die auch in anderen Abendgedichten besungen wird – »Wer Du auch seist, am Abend tritt hinaus«[2] –, wird evoziert durch den Zug der Vogelschwärme, die sich am blasser werdenden Himmel sammeln, um in die Ferne zu fliegen. Die feierliche wie träumende Stimmung, die mit der Weitung einhergeht, findet ihren Ausdruck auch in dem Frieden des abendlichen Glockenläutens und dadurch, daß die Vogelschwärme mit frommen Pilgerzügen verglichen werden. Die nur durch eine Zeile angekündigte Weile des Hier und Jetzt – »Hinwandelnd durch den dämmervollen Garten« – schlägt wie ein Grundakkord den Raum der Nähe an, die sich in die Ferne träumt, indem sie dem Sich-entfernen der Vögel nachsinnt. Die einzelnen Töne des weiten Zusammenklangs, den die beiden Quartette bilden – u. a. wundervolle Flüge, herbstlich klare Weiten, hellere Geschicke,

---

sei. Dabei wird übersehen, daß der Veröffentlichung 1913 eine frühere Fassung (Nachlass, Sammlung 1909) voraufging.
[2] Rilke, *Eingang*.

Verfall

über Wolken –, fügen sich zu dem Bild einer Fast-Zeitlosigkeit, in der das Fliegen und Entschwinden einerseits, das Träumen und Folgen andererseits ihren zeitlichen Abfolgecharakter verlieren und ein eigenes Verweilen im Abschied des Tages und des Sommers anzudeuten vermögen.

»Da« – jetzt scheint plötzlich die Zeit, die vergehende Zeit, in das Gedicht einzubrechen. Doch der qualitative Wechsel der Situation geschieht nicht etwa durch einen neu einsetzenden Prozeß innerhalb des abendlich-herbstlichen Ensembles, vielmehr durch einen unausdrücklich bleibenden Wechsel der Wahrnehmung. Plötzlich zeigt der dämmernde Garten ein anderes Gesicht. Aus seiner Allgemeinheit taucht unversehens Besonderes auf, klagende Amseln, schwankende Weinreben, fröstelnde blaue Astern.[3]

Es ist nur ein Hauch, aber es ist ein Hauch, der alles verändert, der die friedvolle Welt erzittern läßt. Der die Erfahrung der Zeitlosigkeit verwandelt in eine Erfahrung des Vergehens. Der Vergleich des Kindertotentanzes kann als kontrastierende Entsprechung zum Vergleich der frommen Pilgerzüge gesehen werden. Die getragene, träumende Stimmung des Gangs durch den abendlichen Garten ist der Stimmung eines Erzitterns und Fröstelns angesichts der Zeichen von Verfall, die unversehens sichtbar werden, gewichen.

Die Verfalls-Stimmung dieses Gedichts kann in besonderer Weise deutlich werden, wenn ich ihr Eichendorffs »Todeslust« an die Seite stelle:[4]

---

[3] Merkwürdigerweise gibt es in den Interpretationen Unstimmigkeiten hinsichtlich der Syntax dieser beiden Strophen. Sie scheint mir aber eindeutig zu sein: Ein Hauch macht ..., die Amsel klagt, der Wein schwankt, während (indes) die Astern sich neigen.

[4] Vgl. zu diesem Gedicht v. Verf. Altwerden und Tod, V, in: *Nichts*, 5.

> Todeslust
> Bevor er in die blaue Flut gesunken,
> Träumt noch der Schwan und singet todestrunken.
> Die sommermüde Erde im Verblühen
> Läßt all ihr Feuer in den Trauben glühen;
> Die Sonne, Funken sprühend, im Versinken,
> Gibt noch einmal der Erde Glut zu trinken,
> Bis, Stern auf Stern, die Trunkne zu empfangen,
> Die wunderbare Nacht ist aufgegangen.

In gewissem Sinn kommt auch hier ein Gegensatz zur Sprache, wobei jedoch die Gegensätzlichkeit bereits in alles Aufgezeigte verwoben ist: der Schwan sinkt, aber träumt und singt noch ein letztes Mal, die Erde ist müde und verblüht, gleichwohl glüht sie noch einmal auf, die Sonne versinkt, aber ihre letzten Strahlen vergolden noch die Erde. »Bis« – die Voll-endung zu ihrem Ende gekommen ist und sie in Stille und Ruhe auf- und d. h. untergeht. Nichts von Verfall, weder in den sich selbst in ihr Gegenteil hinübersteigernden Einzelerscheinungen noch im schließlich alles Einzelne wunderbar in sich empfangenden Tod am Ende.

gefallen (Verb)

Das Verb und das entsprechende Substantiv »gefallen« heißt ungefähr dasselbe wie »mögen« und »gern haben«, wertschätzen, hat gegenüber diesen aber zumeist eine allgemeinere, sozusagen neutralere, unverbindlichere Bedeutung. Der Titel der Komödie von Shakespeare »Wie es euch gefällt«[1] macht von einer allgemeinen Bedeutung von »gefallen« Gebrauch, es meint jedenfalls kein betontes Mögen, kein besonderes Wertschätzen, vielmehr bringt es zum Ausdruck, daß das Publikum Spaß und Freude an dem haben soll, was es auf der Bühne zu sehen bekommt, auch wenn dieses Gefällig- und Wohlgefälligsein des Vorgeführten im Stück selbst ironisch gespiegelt wird.

Dennoch ist der Wortgebrauch nicht eindeutig. Man spricht auch von »gefallen« und »wohl gefallen«, wenn ein tieferes Empfinden im Spiel ist. Das Wohlgefallen z. B., das der christliche Gott an den Menschen haben will, weswegen sie ihm wohlgefällig leben sollen, ist sicher kein formales oder äußerliches.[2] Andererseits aber ist es wohl auch kein tiefgehendes, entzücktes Gefallen.

---

[1] Übrigens ist diese Wendung auch Teil der wörtlichen französischen Bedeutung der Erwiderung auf danke: »s'il vous plaît«, bitte.
[2] Der Lobgesang der »himmlischen Heerscharen« bei der Geburt Christi meint, wie neuere Übersetzungen betonen, mit dem »und den Menschen ein Wohlgefallen« den Gefallen, den Gott an den Menschen findet. Vgl. auch Paul Gerhardts (und Bachs) bekanntes Weihnachtslied »Ich steh an deiner Krippen hier«, wo es am Ende der ersten Strophe heißt: »Nimm hin, es ist mein Geist und Sinn, Herz, Seel und Mut, nimm alles hin und laß dirs wohl gefallen.«

gefallen (Verb)

Ich denke, wir können drei Weisen von Gefallen unterscheiden: das eher äußerliche des allgemeinen »das gefällt mir«, das ich jetzt noch beiseitelasse, das zustimmende Wertschätzen von etwas und schließlich das tiefergehende Gernhaben. Die Differenz der beiden letzteren kann an den diesbetreffenden unterschiedlichen Auffassungen von Kant und Herder deutlich werden. Das Wohlgefallen kann nach Kant von dreierlei Art sein und richtet sich auf das Schöne, das Gute und das Angenehme, wobei die beiden letzteren von *Interesse* begleitet sind, d.h. sich auf das wollende und begehrende Ich beziehen. Eigentlich hochzuschätzen ist nur das *reine* Wohlgefallen, das allein auf das *Schöne* gerichtet ist. »Ein Geschmacksurteil ist also nur sofern rein, als kein bloß empirisches Wohlgefallen dem Bestimmungsgrunde desselben beigemischt wird. Dieses aber geschieht allemal, wenn Reiz oder Rührung einen Anteil an dem Urteile haben, wodurch etwas für schön erklärt werden soll.« (*Kritik der Urteilskraft*, §14)

Herder widerspricht dieser Einschätzung des Wohlgefallens am Schönen scharf. Er sagt, daß das interessant ist, was mich angeht, und wie sollte mich das Schöne nicht berühren und angehen? »Das Feinste und Reinste des Interessanten heißt *Reiz;* das punctum saliens der wirkenden Schönheit. Hat sie keinen Reiz für mich, weh' ihr, der Leblosen! Habe ich für ihre Reize kein Gefühl; wehe mir, dem Gefühlberaubten!« (*Kalligone*, 100f.) Wenn mir etwas Schönes wirklich gefällt, so fühle ich mich von ihm im Innersten angerührt.[3] Für Herder also ist das wahre Gefallen gerade kein reines, vielmehr das den ganzen leibhaften Menschen ergreifende.

»Du gefällst mir« – das kann eine verhaltene Liebeserklärung sein. Es kann eine solche aber auch gerade ver-

---

[3] Wenn Goethes Tasso sagt »Schön ist, was gefällt«, so ist da vermutlich kein interesseloses Gefallen gemeint.

meiden oder sogar ausschließen wollen. An dieser Wendung zeigt sich im Übrigen wieder die mehrfach angesprochene, an vielen Ableitungen von »fallen« begegnende eigenartige Verschmelzung von Subjektivem und Objektivem. »Ich liebe dich« gibt die eindeutige Richtung vom Ich zum Du wieder; das gleichbedeutende »du gefällst mir« sagt etwas über die Beziehung zum Anderen, zum Objekt, sagt es also gewissermaßen vom Ich her, – und formuliert doch das Du als Subjekt der Wendung. In diesem Gefallen fällt etwas dem, dem es gefällt, zu oder in ihn hinein, obgleich es doch ganz, sei es allgemeiner, sei es tiefgehender, in diesem selbst verwurzelt ist. Oder andersherum gesagt: Die dem Ich zugehörige Empfindung versteht sich als vom Anderen hervorgerufen oder dem Anderen verdankt.

Ich denke, diese Eigenart des ineins Subjektiven und Objektiven bzw. der Unmöglichkeit der trennenden Unterscheidung beider charakterisiert auch die dritte Weise des Gefallens, die im zur feststehenden Formel gewordenen »Gefällt-mir« impliziert ist. »Gefällt-mir« ist ein Befürwortungs-Button in den Social Media, der, ebenso wie der bedenkliche substantivische Neologismus »like«, dessen Übersetzung er ist, zu einem festen Bestandteil der Medienkommunikation geworden ist.[4] Diese »Geste zum Ausdruck des Gefallens in sozialen Netzwerken« (Wikipedia) ist ein entscheidender Bestandteil dessen, weswegen die sozialen Netzwerke sich als *das* moderne Kommunikations- und Interaktionsmedium verstehen können. Man nimmt nicht einfach nur zur Kenntnis, freut sich oder bedauert, läßt sich berieseln oder berauschen oder einschläfern, sondern man ist gefragt, seine eigene (zustimmende) Meinung beizusteuern, sein Gefallen zu äußern oder zu verweigern. Inzwischen (seit

---

[4] Heute, 2018, scheint es kaum glaublich, daß er von Facebook erst 2009 eingeführt wurde.

gefallen (Verb)

2016) ist das Gefällt-mir sogar näher diversifizierbar in fünf Ausdrücke des Mögens, Schmunzelns, Staunens, Bedauerns und Sich-Ärgerns.

Die Hauptbedenken, die allgemein gegen dieses Medium vorgebracht wurden und werden, sind hier unwichtig und seien nur kurz angedeutet: Durch die mögliche Größe des jeweiligen Publikums entstehen nicht zu leugnende Probleme der Wahrung der persönlichen Privatsphäre bzw. des Datenschutzes. Es ist möglich, z.B. zu Werbezwecken aus der Verarbeitung der Gefällt-mir-Äußerungen, selbst wenn es sich um fake-Inhalte handelt, sehr genaue Persönlichkeitsprofile zu erstellen.[5]

Die Kritik, die Byung-Chul Han in *Die Austreibung des Anderen* am Gefällt-mir übt, enthüllt wichtige Grundzüge dieser Weise des *Gefallens*. Es dürfte schon implizit deutlich geworden sein, wie schwierig es ist, das gewöhnliche Gefallen zu umschreiben. Es bedeutet eine positive, gefühlsmäßige oder auch rationale Zustimmung, die nicht eigentlich oberflächlich zu nennen ist, gleichwohl aber auch nicht tiefer geht. Mit Heidegger könnte man es vielleicht als eine Empfindung des »Man« und der diesem zugehörigen »Uneigentlichkeit« bezeichnen. In *Sein und Zeit* lesen wir: »Gemäß der durchschnittlichen Verständlichkeit ... kann die mitgeteilte Rede weitgehend verstanden werden, ohne daß sich der

---

[5] Soziale Netzwerke wie facebook sollen in der Lage sein, »durch die Analyse von 70 »I like«-Klicks eines Menschen besser als dessen Lebenspartner zu wissen, welche Vorlieben und Abneigungen der betreffende Mensch habe.« (Wikipedia) Im April 2018 hat sogar der Entwickler des Like-Buttons, Justin Rosenstein, vor der exzessiven Teilnahme an den Social Media gewarnt. Auch der frühere Präsident von Facebook, Sean Parker, warnte inzwischen vor den möglichen Auswirkungen von Facebook auf die Gehirne der Kinder. Eine Reihe von Tec-Managern des Silicon Valley haben sich zu einem *Zentrum für humane Technologie* zusammengetan, das sich gegen die negativen Auswirkungen von sozialen Netzwerken wenden will.

Hörende in ein ursprünglich verstehendes Sein zum Worüber der Rede bringt. Man versteht nicht so sehr das beredete Seiende, sondern man hört schon nur auf das Geredete als solches. Dieses wird verstanden, das Worüber nur ungefähr, obenhin; man meint *dasselbe*, weil man das Gesagte gemeinsam in *derselben* Durchschnittlichkeit versteht.« (168)

Die sozialen Medien sind heute der Raum solcher durchschnittlichen Bezugsgefüge geworden. Dem, was Heidegger in Bezug auf die Dimension des alltäglichen Geredes analysiert, entspricht ziemlich genau die seither entstandene Dimension der digitalen Kommunikation, die von Han als »Hyperkommunikation« bezeichnet wird, weil sie die Charakteristika der gewöhnlichen Kommunikation tendenziell übersteigt. Sie tut dies genauer in dem Sinne, daß sie die Gemeinsamkeit, die in jener als solcher angelegt ist, dadurch pervertiert, daß sie sie überreizt in Richtung der bereits in dem Heidegger-Zitat angezeigten »Durchschnittlichkeit.« Diese Durchschnittlichkeit ist auch eine solche des allgemeinen Gefallens. An der Bedeutung des Gefällt-mir, des *like*, wird dies besonders deutlich.

Sie läßt sich zunächst negativ kennzeichnen: Was in der digitalen Kommunikation verlorengeht, ist die Andersheit und Fremdheit, die der Gemeinsamkeit erst ihre Spannung und spezifische Qualität verbürgt. Han schreibt: »Die Hyperkommunikation zerstört ... sowohl das *Du* als auch die *Nähe*. *Beziehungen* werden durch *Verbindungen* ersetzt. ... Wir richten uns heute in einer Wohlfühlzone ein, aus der die Negativität des Fremden eliminiert ist. *Like* ist ihre Losung.« (52) »In der Gemeinschaft des *Like* begegnet man nur sich selbst oder seinesgleichen. Da ist auch kein *Diskurs* möglich.« (98)

Das Gefällt-mir ist Ausdruck jener Durchschnittlichkeit und Spannungslosigkeit, in denen das gewöhnliche Gefallen herumschwebt. Dieses Gefallen kennt keine Ecken und Kan-

gefallen (Verb)

ten, keine wirkliche Distanz, keine Negativität und entsprechend auch keinen Schmerz. »Die Kultur des Gefällt-mir lehnt jede Form von Verletzung und Erschütterung ab. Wer sich aber der Verletzung ganz entziehen will, erfährt nichts. Jeder tiefen Erfahrung, jeder tiefen Erkenntnis wohnt die Negativität der Verletzung inne. Das bloße Gefällt-mir ist die absolute Schwundstufe der Erfahrung.« (96)

Die »Positivität« einer Zustimmung, die ursprünglich im Gefallen liegt, wird damit nivelliert. Das Gefällt-mir hat immer schon darauf verzichtet, das Andere und den Anderen wirklich an sich herankommen zu lassen und so lebendige Erfahrungen mit ihnen zu machen. Die digitale Kommunikation ist, weil es in ihr keine Erfahrung des realen Anderen, der anderen Person gibt, von vornherein auf das Gefallen angelegt, auch wo es nicht ausdrücklich geäußert wird. Sie »fördert ... eine expansive, entpersonalisierte Kommunikation, die ohne personales Gegenüber, ohne Blick und Stimme auskommt. Auf Twitter etwa senden wir ständig Botschaften. Aber sie sind nicht an eine konkrete Person gerichtet. Sie *meinen* niemand.« (97)

Zum Gefällt-mir gehört das Anstreben einer großen Zahl. Das »mir« in dieser Wendung spielt eigentlich keine Rolle. Es hat vor allem die Funktion, das jeweilige Ich in die »Gemeinschaft« der vielen Likes einzureihen. Der Klick auf den Like-Button negiert geradezu die Besonderheit sowohl des Klickenden wie des Gegenstandes, der seinen Objekt-Charakter verloren hat.[6] Heidegger schreibt in *Sein und Zeit:* »Jeder Vorrang wird geräuschlos niedergehalten.

---

[6] Han hat diesen Verlust sehr überzeugend aufgezeichnet: »Der Ware als Konsumobjekt fehlt gänzlich die Negativität des *obicere*. Als Ware wirft es mir nichts vor, klagt mich nicht an, stellt sich mir nicht entgegen. Vielmehr will es sich mir anschmiegen und mir gefallen, mir ein Gefällt-mir entlocken.« (57) »Das Verschwinden des *Gegen* findet heute auf allen Ebenen statt. Das Gefällt-mir ist dem *obicere* entgegengesetzt. Alles

gefallen (Verb)

Alles Ursprüngliche ist über Nacht als längst bekannt geglättet.« (127) Wo es keine Eigenart des auf diese Art Kommunizierenden mehr gibt, hat auch sein Bezug auf das ihn Umgebende keine Eigenart und kein Gewicht mehr. Heidegger sagt vom Man, daß in ihm »die nächste Auslegung der Welt und des In-der-Welt-seins« immer schon vorgezeichnet ist. (129) Im Man liegt entsprechend »die Tendenz zum Leichtnehmen und Leichtmachen«. (128) Das Gefällt-mir oder Like ist Ausdruck eben dieser Tendenz.

---

heischt heute *Like*. Die totale Abwesenheit des Gegen ist kein idealer Zustand, denn *ohne Gegen fällt man hart auf sich selbst.*« (60)

Abfall in der Kunst

Das gesellschaftliche System hat sich in der Gegenwart global zu einer Warengesellschaft entwickelt, in der jedes und jeder seinen Wert aus dem Gesamtverwertungszusammenhang erhält.[1] Was oder wer aus diesem herausfällt, ist bloßer Abfall, wird zum Müll, der dementsprechend – und also keineswegs nur aufgrund seiner erdrückenden quantitativen Zunahme – eine zuvor nicht gekannte Bedeutung erfahren hat. Die *Künstler* haben sich seit Anfang des letzten Jahrhunderts wiederholt auf unterschiedliche Weise und in unterschiedlichen Richtungen auf dieses Phänomen eingelassen. Stichworte im Zusammenhang mit Abfall-Kunst sind u. a. Nouveau Réalisme, Fluxus und Happening, Collage und Decollage, Akkumulation, Fotomontage.

Die Kunst hat es zu einem guten Teil mit den Dingen zu tun. Seit durch die industrielle Produktion, durch die Konsum- und Warenstruktur der Dinge der materielle Abfall in unserer Welt einen so großen Raum einnimmt, reagiert auch die Kunst auf ihre Weise auf diesen Umstand. Sie tut dies in

---

[1] Zu diesem gehört, daß im fortlaufenden Ineinandergreifen von Produktion und Konsumtion die erstere immer neue Bedürfnisse schafft und dabei immer mehr auf das Alt- und Überflüssigwerden des Bisherigen setzt. Vgl. dazu Baumann: »... ›alt‹ wird gleichgesetzt mit ›veraltet‹, nicht mehr zu gebrauchen und für die Müllhalde bestimmt. Die rasche Deklarierung als Abfall und die Verkürzung der Zeitspanne zwischen dem Aufkeimen und dem Vergehen von Bedürfnissen hält den Subjektivitätsfetischismus am Leben«. (Zygmunt Baumann, a. a. O., Pos 465) Mit vollem Bewußtsein der Absurdität einer solchen Formulierung können wir geradezu von einer *Produktion des Mülls* sprechen.

sehr unterschiedlichen Richtungen. Der im Alltag anfallende Müll wird selbst als Kunst oder aber als genuines Material von Kunst gesehen. Oder die Werke der Kunst werden als Abfall verstanden, Kunst produziert Abfall. Oder der beim Machen von Kunst anfallende »Müll« erscheint selbst als Kunst.

Auf einige Künstler übt der Müll in seiner puren Ästhetik eine merkwürdige Faszination aus. Ein schönes Beispiel hierfür ist eine Äußerung von van Gogh in einem Brief über die »ausgedienten« Dinge, die er auf einer Müllhalde entdeckt: »Heute bin ich mal auf dem Fleck gewesen, wo die Aschenmänner den Müll usw. jetzt hinbringen. Donnerwetter, war das schön. ... Morgen bekomme ich einige interessante Gegenstände von diesem Müllabladeplatz zur Ansicht als Modelle, wenn Du willst – unter anderem kaputte Straßenlaternen, verrostet und verbeult ... diese Sammlung ausgedienter Eimer, Körbe, Sessel, Soldaten-Kochgeschirre, Ölkannen, Draht« (zitiert nach Susanne Hauser, ›*Die schönste Welt ist wie ein planlos aufgeschichteter Kehrichthaufen*‹. *Über Abfälle und Kunst*, 246).

Der Abfall kann aber nicht nur ästhetisch als ein adäquater Gegenstand des Künstlers erscheinen, sondern auch auf Grund der Empfindung einer Art Verwandtschaft oder Affinität zwischen Kunst und Abfall. So hat sich Baudelaire in seinen *Fleurs du Mal* gewissermaßen selbst als Lumpensammler gesehen[2]. Jan Sieber schreibt dazu: »Der Dichter

---

[2] Vgl. sein Gedicht »Der Wein der Lumpensammler«:

»Oft kommt bei der Laterne rotem Schimmern,
Das jeder Windstoss zucken macht und flimmern,
Im Labyrinth der Vorstadt dumpf und feucht,
Darin die Menschheit wie in Gärung keucht,

Ein Mann daher, der taumelnd Lumpen sammelt,
An Mauern rennt und wie ein Dichter stammelt,

als Lumpensammler sammelt den Abhub, die Abfälle des Tages, alles was die Gesellschaft aussonderte, was sie verachtet und verstößt. In diesen Fetzen und Fragmenten findet er die wahre Schönheit der Moderne, eine, die zu baldiger Vergängnis verdammt ist. In ihnen erblickt er das wahre Gesicht der modernen Gesellschaft, der er selbst als Abfall gilt.« *(Allegorie und Revolte bei Baudelaire und Blanqui)*

Wiederholt ist Benjamin auf die Figur des Lumpensammlers bei Baudelaire eingegangen.[3] Die Dichter sammeln die Lumpen des Alltags, das Nutzlose und Verlorene und Verworfene. Auch sie selbst fallen oftmals aus dem Sinnzusammenhang der Warengesellschaft heraus, sie erscheinen innerhalb seiner als sinn- und wertlos. »Die Dichter finden den Kehricht der Gesellschaft auf ihrer Straße und ihren heroischen Vorwurf an eben ihm. Damit scheint in ihren erlauchten Typus ein gemeiner gleichsam hineingruppiert. Ihn

---

    Den Kopf im Nacken, trotz der Späher Schar
    Macht er der Welt erhabne Pläne klar.

    Er schwört zu Gott und heiligen Geboten,
    Erhebt Gefallene und stürzt Despoten,
    Und unterm Himmel, der sein Baldachin,
    Berauscht der eignen Tugend Leuchten ihn.

    Dies Volk, von Not gepeinigt und getrieben,
    Von Arbeit wund, vom Alter mürb gerieben,
    Gebeugt von Schutt und Kehricht lahm und matt,
    der wüste Auswurf einer Riesenstadt«.
                  (Baudelaire in *Les fleurs du mal*, Strophe 1 bis 4)

[3] Über Kracauer schreibt Benjamin, er sei »ein Lumpensammler frühe im Morgengrauen, der mit seinem Stock die Redelumpen und Sprachfetzen aufsticht, um sie murrend und störrisch, ein wenig versoffen, in seinen Karren zu werfen, nicht ohne ab und zu einen oder den anderen dieser angeblichen Kattune ›Menschentum‹, ›Innerlichkeit‹, ›Vertiefung‹ spöttisch im Morgenwinde flattern zu lassen. Ein Lumpensammler, frühe – im Morgengrauen des Revolutionstages.« (aus *Die Angestellten*, zitiert in Jörg Später, *Die Lumpensammler*)

durchdringen die Züge des Lumpensammlers, welcher Baudelaire so beständig beschäftigt hat.« (Walter Benjamin, *Das Paris des Second Empire bei Baudelaire*, 582)

In der Malerei sind seit dem Beginn des vergangenen Jahrhunderts Stücke von Gegenständen des alltäglichen Lebens immer wieder zum Material von Bildern geworden. Stofflich bestanden Bilder zuvor im Wesentlichen aus der Leinwand, dem Holz, den Mauern u. ä., auf denen sie und den Farben, mit denen sie ausgeführt wurden; das Instrument der Bearbeitung war zumeist der Pinsel. Mit der Infragestellung konventioneller Kunstformen und -normen um die vorletzte Jahrhundertwende fanden, sowohl was die Thematisierung wie was die Materialien anbelangt, bislang verpönte Gegenstände und Aktionen Eingang in die künstlerische Gestaltung. So meinte Kurt Schwitters: »Ich sah nämlich den Grund nicht ein, weshalb man die alten Fahrscheine, angespülte Hölzer, Garderobennummern, Drähte und Radteile, Knöpfe und altes Gerümpel aus Bodenkammern und Müllhaufen nicht ebensogut als Material für Gemälde verwenden sollte, wie die von Fabriken hergestellten Farben.« (Zitiert nach Susanne Hauser, a. a. O.)

Zunächst sind die künstlerisch aufgegriffenen Abfälle schlicht solches, was bei einem Produktions- oder Verwertungsprozeß abgefallen ist, was also seinen eigentlichen Sinn und Zweck verloren hat. Braque und Picasso, Miró, Duchamps, Beuys und viele andere verwenden in ihren Kunstwerken solche Abfälle und Alltagsgegenstände, z. B. Zeitungs- und Tapetenschnipsel, Schnüre, Dosendeckel und Fahrradteile, Sand und Holz. Darin äußert sich durchgängig – wenn auch in unterschiedlicher Radikalität und mit unterschiedlichem Provokationspotential – eine Haltung des Protests gegen die etablierte Ordnung des Kunstverständnisses, des Kunstmarkts und, allgemeiner, des gesamtgesellschaftlichen Zustands überhaupt. Diese Haltung reicht bis zur Formulierung einer Anti-Kunst, zunächst im Dadaismus, dann aber auch in späteren Theorien und Richtungen, in besonderer, durchdachter Weise bei Joseph Beuys. Zuweilen mag die zugrundeliegende Haltung noch über den Protest hinaus- oder hinter ihn zurückgehen. So wenn Beuys einmal geäußert haben soll: »Jeder Mensch muss sich verschleißen. Wenn man noch gut ist, wenn man stirbt, ist das Verschwendung. Man muss lebendig zu Asche verbrennen, nicht erst im Tod.«

Das Material ist in den zuvor genannten Fällen zugleich der Gegenstand oder das Thema des Werks. Wenn wir es als Abfall bezeichnen, so ist dies in vielen Fällen in einem weiteren Sinne zu verstehen. Gemeint ist damit, daß es sich jedenfalls nicht um etwas handelt, das in Tradition und Konvention als »kunst-würdig« gilt. Insofern spiegelt diese Entwicklung generell die Herabsetzung des Gebrauchswerts zum bloßen Warenwert, der hier als Abfall ausdrücklich nicht einmal mehr einen realen Wert, also im Grunde keinen Warenwert mehr darstellt. Der *Stierschädel* von Picasso (1943)[4] ist der Bronzeabguss eines Fahrradsattels, der als Schädel figuriert, die Hörner bestehen aus einem Rennlenker. Der Fahrradsattel und der Lenker eines Rennrads haben einen eigenen Sachwert, in dem erstellten Werk aber sind sie nur noch verarbeiteter Abfall.

Zuweilen wird der triviale Alltagsgegenstand einfach aus seiner gewohnten, zweckgebundenen Umgebung herausgesetzt und – ganz oder fast unbearbeitet – zum Kunstwerk erklärt: ein *Ready-made* oder ein *Objet trouvé*.[5] Bei Du-

---

[4] Man kann sich hier auch an die »Monsterskulpturen« von Miró erinnern, Plastiken, die zum großen Teil aus gefundenen Gegenständen zusammengestellt wurden.

[5] Z.B. die MERZ-Collagen von Schwitters. Oder man kann an die Pop Art denken: Deren Motive »sind häufig der Alltagskultur, der Welt des Konsums, den Massenmedien und der Werbung entnommen, wobei die

champs z. B. wird der Gegenstand »von seinem ursprünglichen Gebrauchszweck gelöst und durch die Aufstellung und den gewählten Titel semiotisch neu aufgeladen.« Mit vollendeter Ironie hat Arne Rautenberg in seinem Gedicht *ich erkläre den plastikmüll der meere* eine solche Neuaufladung zur Sprache gebracht:

> ich erkläre den plastikmüll der meere
> zur kunst
> und also danke ich den gezeiten
> ich danke der wellenbewegung
> ich danke dem uv-licht
> für die zersetzung
> die vervielfältigung
> meiner kunst
> ich danke verschiedenen meeresbewohnern
> ich danke dem plankton
> für die einverleibung meiner kunst
> dafür dass meine kunst in die nahrungskette gelangt
> jeder an ihr partizipieren kann
> ich danke den waschmaschinen
> dass sie fasern aus fleece
> und anderen synthetischen kleidungsstücken
> ins abwasser und damit in meine kunst einbringen
> ich danke den strömungen
> den großen meereswirbeln
> besonders dem nordpazifikwirbel
> für die strudelnde ballung meiner kunst
> dafür dass sie millionenfach pro quadratkilometer
> meer vorhanden ist dass insgesamt
> hundert millionen tonnen meiner kunst

Darstellung in fotorealistischer und meist überdimensionierter Abbildung erfolgt.« (Pop Art, Wikipedia)

> in allen meeren zirkulieren ich danke
> dafür dass ich ein künstler bin der
> alle kontinente umspielen darf

Der Abfall wird zur Kunst erklärt. Rainald Götz hat in seinem Online-Tagebuch 1998/99 *Abfall für Alle. Roman eines Jahres* (1999 als Buch erschienen) ein ganzes Jahr lang den Abfall seines Lebens und Denkens zu Papier bzw. ins Netz gebracht.[6] »Andere machen Post, gehen mit dem Hund raus oder bringen ihre Kinder in die Schule. Ich mache Abfall. Und werde davon im guten Fall ruhiger, konzentrierter und geordneter für die eigentliche Arbeit am Text.« (a. a. O. 129) Der bei der künstlerischen Produktion anfallende »Müll« wird ebenso wie die Vorfälle und Begebenheiten des Alltags selbst als Kunst gesehen.[7]

---

[6] »*Abfall für alle* ist eine Müllkippe für Gesagtes, Gedachtes, Erlebtes, Verschwiegenes, das eben doch mitgeteilt werden will. Für das es keinen Ort gibt, an dem es abgelegt werden könnte, ausser in diesem Abfall-Format der Literatur. ... Wild, chaotisch, zuweilen gehetzt teilt der Erzähler seine Eindrücke mit. Präsentiert dem Leser schnelle Bilderfolgen, wie ein 90er-Jahre Technoclip. Immer mehr immer weiter immer schneller. Alles ist Kunst alles ist Müll: alles ist für alle! ... Er veröffentliche Einkaufszettel, literarische Traktate, Tagesberichte, Korrespondenzen, Gedanken, Inventarien – eben all das, was am Schluß einer literarischen Tätigkeit vom Endprodukt abfällt.« (Aus einer Rezension von Christian Raubach, *Die ästhetischste Müllkippe der Welt*).
[7] Gregor Keuschnig stellt in einer Rezension zu diesem Buch den »Abfall«-Charakter dieser Aufzeichnungen vehement in Frage: »Dieses (alte) Programm welches die Surrealisten schon umsetzen wollten, quasi ein Schreiben ohne (Nach-)Denken, ein Schreiben ausschliesslich aus dem Kopf heraus – dies versucht Goetz hier, aber er sabotiert es selber, denn wenn man die Eintragungen genau liest, ist von ständigen Korrekturen die Rede, bevor der entsprechende Text dann ins Internet ›geht‹ ...
Der ›Abfall‹ aus des Dichters Hirn, ungefiltert in den PC hineingehämmert ist eine Täuschung, ja: eine Selbsttäuschung; existiert nicht. Der ›Abfall‹ ist schön sortiert, ja komponiert – auch wenn's zunächst nicht so

Abfall in der Kunst

»Abfall« ist hier, wie gesagt, nicht abschätzig gemeint, es handelt sich nicht um etwas Schmutziges, Ekliges, Widerliches. Diese gleichgültige, neutrale Einschätzung des Wortes bzw. der Sache »Abfall«, die an der Tatsache ansetzt, daß etwas »abfällt«, kommt deutlich in folgendem Zitat von Brinkmann zum Ausdruck: »Ich bin keineswegs der gängigen Ansicht, daß das Gedicht heute nur noch ein Abfallprodukt sein kann, wenn es auch meiner Ansicht nach nur das an Material aufnehmen kann, was wirklich alltäglich abfällt. Ich denke, daß das Gedicht die geeignetste Form ist, spontan erfaßte Vorgänge und Bewegungen, eine nur in einem Augenblick sich deutlich zeigende Empfindlichkeit konkret als snap-shot festzuhalten. Jeder kennt das, wenn zwischen Tür und Angel, wie man so sagt, das, was man in dem Augenblick zufällig vor sich hat, zu einem sehr präzisen, festen, zugleich aber auch sehr durchsichtigen Bild wird, hinter dem nichts steht als scheinbar isolierte Schnittpunkte.« (Rolf Dieter Brinkmann, Vorwort zu dem Gedichtband *Die Piloten*) Das »wirklich täglich Abfallende« ist etwas, mit dem es keine besondere Bewandtnis hat, etwas Triviales. Die *trash art* ist eine »Richtung in Musik, Literatur und Film, für die bewußt *banal, trivial* oder primitiv wirkende Inhalte und eine billige Machart typisch sind«. (Duden-online)

In den schon erwähnten *Objets trouvés*, dann vor allem im Dadaismus und Surrealismus (vgl. unter vielen anderen aber z. B. auch Leo Sewell in den USA) und in den *ready mades* (zuerst von Duchamp) sind es zumeist ganz normale, nur nicht mehr zu gebrauchende Dinge, die – künstlerisch verarbeitet oder auch nur verwendet – zu Kunstwerken erklärt werden. Auch hier erscheint solcher Abfall als Kunst oder in der Kunst, der lediglich aus seinem Gebrauchs- und

---

aussehen mag (und auch nicht soll – Mogelpackung fürs Publikum).« (*Abfall für alle. Begleitschreiben* vom 18. Juni 2006)

Zweckzusammenhang herausgefallen ist und nun eine neue Codierung erhält.

Teilweise handelt es sich dann jedoch bei dem in der Kunst verwandten Material tatsächlich um *Müll*, wie es schon in den Bezeichnungen »junk art« und »trash art« zum Ausdruck kommt. In den fünfziger Jahren hat etwa Chamberlain in den USA Schrottteile zu Kunstwerken verarbeitet. Der Brasilianer Christian Pierini komponiert phantastische Portraits von Pop-Musikern und anderen Berühmtheiten aus Elektroschrott und alten Instrumenten. HA Schult gestaltet in seinen Aktionen und Objekten, die er teilweise durch viele Länder schickt, seit Jahrzehnten Müll, zuletzt das »Müll-Haus« am Rheinufer in Köln, das »auf die Vermüllung der Welt aufmerksam machen« soll. Sein bekanntestes Werk sind vermutlich die »Trash People«, Hunderte aus Blechdosen gefertigte Figuren, die seit mehr als 20 Jahren durch die Welt reisen, – bis zu den Pyramiden, dem Roten Platz, der Großen Mauer und nach Spitzbergen.

Zwischenfall

Ein Zwischenfall ist eine merkwürdige Sache. Er fällt hinein in einen von ihm unabhängigen Prozeß, ein Ereignis, eine Abfolge. In gewisser Weise ist er ein Unfall. Er unterbricht den normalen Lauf des Geschehens. Doch er zerstört diesen nicht, sondern fällt nur dazwischen. Er hat einen eigenen Anfang und ein Ende, die aber beide selbst Momente des zugrundeliegenden Zusammenhangs oder Ablaufs, zeitlich gesehen Momente innerhalb einer bestimmten Zeitspanne sind. Man spricht von einem überraschenden, merkwürdigen, seltsamen Zwischenfall, weil er gewissermaßen quer zu der eigentlichen Entwicklung steht, nicht aus ihr her erklärbar – insofern zufällig – ist.

Der Zwischenfall ist gewöhnlich[1] nicht geplant, er kommt von außen, er durchkreuzt den *natürlichen Gang der Dinge*. Dabei kann er sich unvorhergesehenen äußeren Ereignissen, aber auch phantasiereichen plötzlichen Einfällen verdanken. Im Zusammenhang seiner Corneille-Kritik in der *Hamburgischen Dramaturgie* hat Lessing betont, daß es für ihn in der großen Dichtung wesentlich um die *Natürlichkeit* und die *Einfalt* des Dargestellten ankommt, weswegen er die Darstellung des Außergewöhnlichen, Unverständlichen, des sich unberechenbar begebenden *Zwischenfalls* ablehnt. »Da ist keine Liebe, da ist keine Verwicklung, keine Erkennung, kein unerwarteter wunderbarer Zwischenfall; alles geht seinen natürlichen Gang. Dieser natürliche Gang reitzt das

---

[1] Wenn wir von dem raffiniert geplanten kriminellen, z. B. technischen, vor allem dem terroristischen Zwischenfall absehen.

Genie; und den Stümper schrecket er ab.« (Kap. 32) Das Genie, der wahre Dichter, interessiert sich, so denkt Lessing, für den »natürlichen Gang« und damit für Begebenheiten, die »ineinander gegründet sind«, für »Ketten von Ursachen und Wirkungen«. »Das Genie liebt Einfalt.« Im Unterschied zum bloß »witzigen Kopf« ist es bemüht, »überall das Ungefähr auszuschließen«. Und der Zwischenfall ist eben ein Ungefähr, ein Zufall.

Der Zwischenfall kann unbedeutend oder bedeutend – ein »schwerer Zwischenfall« – sein. Fast durchgehend erscheint er, wenn man ihn konstatiert oder über ihn berichtet, als ein unliebsamer, unerwünschter, unerfreulicher. Die Unterbrechung als solche ist unwillkommen, sie stört den unproblematischen Fortgang. Zuweilen scheint da ein gewisser *horror vacui* zu bestehen, eine Angst vor der relativen Leerstelle, die sich durch einen – und sei es auch »wunderbaren« – Zwischenfall im gewohnten und vertrauten Verlauf auftun würde. Die Störung liegt in dem Überraschenden, d. h. darin, daß die Abfolge von aufeinander aufbauenden, sich auseinander ergebenden Schritten durch einen unerwarteten Vorfall unterbrochen wird.

Der Störfallcharakter wird vor allem da virulent, wo es sich um einen *technischen Zwischenfall* handelt. Die Technik ist ihrer eigensten Natur nach ein schlüssiger, d. h. Ursache und Wirkung zusammenschließender Vorgang. Wird dieser Zusammenschluß durch etwas Unvorhergesehenes unterbrochen, kann das verheerende Folgen haben. Ein Zwischenfall im Atomreaktor oder in der Chemiefabrik, Flugzeug- und Drohnenzwischenfälle, Unfälle auf See, Ölkatastrophen, militärische oder terroristische Zwischenfälle, – das sind Bedrohungen, die konstitutiv für unser gegenwärtiges Alltagsbewußtsein geworden sind. Sie sind so bedrohlich, weil sie die Potentialität in sich tragen, ihren Zwischen-Charakter zu verlieren und zu totalen Katastrophen zu werden.

Zwischenfall

Zwischenfall

Es ist, als gäbe es eine geheimnisvolle, sich unter der Oberfläche erstreckende Verbindung zwischen verschiedenen Ableitungen von *Fall*, die alle im technischen Zwischenfall ihre eigene Rolle spielen. Ein Vorfall, der, ob durch Zufall oder auf kriminelle Weise akribisch geplant, aus dem Gewohnten herausfällt, auffällig und so zum Unfall wird, kann Hinfälligkeit und Verfall bedeuten.

Zufall – Koinzidenz und Schicksal

Schiffe, die sich nachts begegnen, unerwartete Begegnungen zwischen Menschen, die sich zuvor fremd waren, erstaunliche Entsprechungen und Konstellationen zwischen eigenständigen Geschehnissen. Eines oder einer trifft unversehens auf ein anderes oder einen anderen, und wir nennen dieses nicht bewußt herbeigeführte Zusammenkommen einen *Zufall* oder eine *Koinzidenz*.[1] Zwei oder mehrere im Grunde voneinander unabhängige Ereignisse treten gleichzeitig auf und haben auf irgendeine Weise etwas miteinander zu tun,[2] ohne daß eine kausale Verbindung zwischen ihnen besteht. Eine solche Ko-inzidenz, wörtlich ein Zusammen-fallen zweier (oder mehrerer) Elemente, erstaunt und beunruhigt uns zuweilen, weil wir gewohnt sind, alles verstehen zu wollen und darum nach ursächlichen Verbindungen zwischen zusammen auftretenden Geschehnissen zu fragen. Die Koinzidenz ist ein Zusammenfallen ohne vorherbestehenden oder gar notwendigen Zusammenhang. Durch den Zusammenfall

---

[1] Streng genommen müßte man wohl sagen: Koinzidenz im engeren Sinne. Denn in verschiedenen Zusammenhängen kann auch solches Zusammentreffen als Koinzidenz bezeichnet werden, bei dem beide Ereignisse ursächlich zusammenhängen. Vgl. z. B. »Bei einer wahren Koinzidenz ist ein einziger physikalischer Vorgang Ursache beider Detektorsignale, bei einer zufälligen zwei verschiedene und voneinander unabhängig eintretende Vorgänge.« (Wikipedia) Man unterscheidet hier also »wahre« von »zufälliger« Koinzidenz. Vgl. auch weiter unten die Unterscheidung von bloßer und sinnvoller Synchronisation.

[2] Erst dann sprechen wir bei zwei gleichzeitig sich zutragenden Begebenheiten von einem Zufall, wenn beide tatsächlich irgendetwas miteinander zu tun haben, auch wenn diese Gemeinsamkeit nicht beabsichtigt war.

Zufall – Koinzidenz und Schicksal

wird allererst ein Zusammenhang gestiftet, der also rein aus sich selbst besteht.

Von besonderer Brisanz sind oftmals Begegnungen von Menschen, sowohl gelegentliche wie solche des ersten Aufeinandertreffens. Zu dem ersten Fall hat Ringelnatz ein Gedicht mit dem Titel *Sehnsucht nach Zufall* geschrieben:

> Es gibt freiwilliges Allein,
> Das doch ein wenig innen blutet.
>
> Verfrühter Gast in einer Schenke sein,
> Wo uns derzeit kein Freund vermutet –
>
> Und käme plötzlich doch der Freund herein,
> Den gleiche Abenteuer-Wehmut lenkt,
> Dann wird es schön!
> Dann steigt aus schlaffen Träumen
> Ein gegenseitig stärkendes Sichbäumen
> Und spricht,
> Was in ihm rauh und redlich denkt.

Zwei Freunde gehen ganz unabhängig voneinander in eine Kneipe, es ist ein zufälliges Zusammentreffen zweier eigentlich Allein-Seiender, die jedenfalls an diesem Abend auf kein Zusammensein aus waren. Ein Lebensaugenblick des Einen konvergiert, ohne daß da eine geheime Kraft gewaltet hätte, mit dem Lebensaugenblick des Anderen. Unversehens bilden beide Lebenszeiten miteinander einen neuen, unerwarteten Augenblick – »dann wird es schön«.[3] Das Alleinsein des einen wie das des anderen öffnen sich zu einem Zu-zweit-

---

[3] Im Nachhinein wird vielleicht in der Biographie des Einen stehen: »es war kein Zufall, daß X an diesem Abend auf seinen alten Freund Y traf«. Doch das wäre eine im Grunde unzulässige nachträgliche Sinngebung,

sein, in dem gemeinsame Erinnerungen, neue Gedanken, spannende Pläne Raum finden können.

Eine schicksalhafte und doch zufällige erste Begegnung kommt in dem folgenden Songtext zum Ausdruck:

> Zufällig
> Es hat damals so unendlich viel Möglichkeiten geb'n,
> diesen Abend irgendwie mit Freunden zu verleb'n.
> I geh' net gern ganz allein am Abend durch die Stadt,
> doch damals hab' i irgend so was wie a Vorahnung
>   g'habt.
>
> Zufällig kommst du entgegen,
> zufällig schau' i dich an.
> Mitten in tausenden Menschen,
> finden wir zwei zueinand'.
> War's uns bestimmt, nenn' es Geschick,
> oder war's nur einfach a Glück.
>
> Gibt es so was, wie a Schicksal, an vorbestimmten Weg,
> den man ohne es zu wissen, a ganzes Leb'n lang geht.
> Oder is' es alles Zufall, dann is' mir aber klar,
> daß der Zufall dich zu treffen, ein guter Zufall war.
>
> Zufällig kommst du entgegen
> zufällig schau' i dich an.
> Mitten in tausenden Menschen,
> finden wir zwei zueinand'.
> War's uns bestimmt, nenn' es Geschick,
> oder war's nur einfach a Glück.
>
> (Peter Cornelius)

---

die von einem sich selbst erfüllenden Schicksal hinter den einzelnen Geschehnissen ausginge.

Zufall – Koinzidenz und Schicksal

Das eigentlich Erstaunliche ist auch hier der zufällige, sich einfach so ergebende Zusammenhang als ein *Zusammenklang*. Im Nachhinein scheinen die beiden Menschen füreinander geschaffen zu sein. Ist ihr Zusammentreffen also Bestimmung, Geschick, Glück? *Geschick* und *Zufall* liegen in diesem Song eng beieinander und meinen keine wirklichen Alternativen. Zwei Menschen finden zufällig zueinander – was für ein Glück![4] Würde man das im strengen Sinne Geschick oder sogar Bestimmung nennen, so würde dabei jedenfalls das Bestimmende oder Schickende im Dunkeln bleiben, es wäre vielleicht selbst zufällig zu nennen. Dieses Aufeinandertreffen ist ein einfach Geschehendes, es ist keine Aktion oder gar ein Plan dahinter zu vermuten. So erübrigt sich im Grunde die Frage nach einem vorbestimmten Weg, nach einem höheren oder tieferen Sinn. Ein *guter Zufall* trägt seine Bestimmung in sich selbst. Als guter Zufall *ist* er Schicksal. Da besteht zwischen beidem kein Gegensatz mehr.

Häufig spricht man dagegen von einer Fügung, einem Schicksal, wenn man der Unmittelbarkeit des zufällig Geschehenden sozusagen die Spitze nehmen will. Wenn ein Zufall beträchtliche Folgen hat, so wird das Schicksal genannt. Man unterstellt dann dem einfachhin Zu-fallenden und Zusammentreffenden einen tieferen, zunächst verborgenen Sinn, dem *bloßen* Zufall kontrastiert man ein *sinnvolles* Zusammentreffen. Hinter dem verblüffenden Zufall muß, so meint man, eine höhere Macht, ein allmächtiges Geschick stehen, das den Lebenslauf nach geheimen Plänen oder vorentworfenen Harmonien lenkt. Man negiert die Zufälligkeit als solche, weil man ihr Sein aus Nichts nicht ertragen kann oder will. Und dies im übrigen auch darum, weil sie die Souveränität und Tüchtigkeit des selbstmächtigen Subjekts in

---

[4] Vgl. v. Verf. Cette immense fortune d'être deux, in: *Wendungen*.

Frage stellt. Schon Iamblichos schrieb in ähnlicher Richtung in seinem *Protreptikos zur Philosophie*, daß »der Tüchtige sich in seinem Leben keineswegs dem Zufälligen unterordnet, sondern sich von den durch den Zufall bewirkten Unterwürfigkeiten so weit wie möglich befreit«. (34,10)

Das so verstandene Schicksal ist nicht mehr, wie die Zufälligkeit, in erster Linie der Grundhaftigkeit entgegengesetzt. Es ist so etwas wie eine unbekannte und unergründbare Gesetzmäßigkeit, die über den Menschen waltet. Wenn wir vom Schicksal sprechen, so befinden wir uns – ebenfalls anders als beim Zufall, der das Nichtmenschliche wie die Menschen in gleicher Weise trifft – allein im Bereich des *Menschlichen*. Weder die nicht-geistbegabten Lebewesen noch die Götter oder Gott, weder die fallenden Regentropfen noch die fallenden Blätter im Herbst haben ein Schicksal, – wenn ihnen auch mannigfache Zufälle widerfahren mögen. »Schicksallos, wie der schlafende Säugling, atmen die Himmlischen«, dichtet Hölderlin. Zweimal steht in *Hyperions Schicksalslied* »ewig«, wo es um die Kennzeichnung der Himmlischen geht. Die »leidenden Menschen« dagegen »fallen ... jahrlang ins Ungewisse hinab.« Eben darin, in ihrem Fallen ins Ungewisse besteht ihr Schicksal.

Menschen erfahren das Schicksal und sprechen vom Schicksal somit in zweierlei Weise. Einerseits wird das Schicksal als vorherbestimmte und vorherbestimmende Fügung, als ein *Geschick* im wörtlichen Sinne verstanden. Wie beim zufälligen Geschehen kann der, den es trifft, nicht verantwortlich gemacht werden; was ihm geschieht, kann nicht rational abgeleitet und ebensowenig vorausberechnet werden. Aber anders als der Zufall ist es eben »geschickt«, verhängt, mag das Schickende, das da selbst Schicksal genannt wird, nun in einer anonymen unpersönlichen Macht, in einem über allem thronenden Gott, in den Sternen und ihren jeweiligen Konstellationen oder gar in den unbewußten Regungen und Strebungen des eigenen Ich gesehen werden.

Gleichwohl besteht hier ein fließender Übergang zu einem anderen Verständnis des Schicksals, dementsprechend es fast gleichbedeutend mit Zufall ist. Man spricht von den blinden Mächten des Schicksals. Sie treffen – griechisch: tygchanein (vgl. die Göttin Tyche) – ohne Richtung und Absicht auf den Menschen. Eben darum sind sie blind, weil sie, was sie senden, selber nicht sehen und übersehen. Die römische Göttin Fortuna, die Glück und Unglück über die Menschen schickt, wurde oft wie die Iustitia mit einer Binde vor den Augen dargestellt. In gewissem Sinne ist diese Zuschreibung der Blindheit an die Göttin als eine Projektion zu verstehen: Die Menschen erfahren ihre eigene Blindheit gegenüber den zukünftigen Geschehnissen und lasten sie der Göttin an.

Fortuna war die Göttin des Glücks, des Schicksals und des Zufalls. Sie trägt damit dieselben Attribute wie die griechische Göttin Tyche. Doch während bei dieser, zumindest im Bewußtsein der Tradition, der *Zufall* das bestimmendste Moment gewesen zu sein scheint, ist es bei der Fortuna das *Glück*, d. h. das positive Geschick. Die Ambivalenz der blinden Schickung, die sich als gut oder böse erweisen kann und sich prinzipiell nicht beeinflussen läßt, versuchen die Römer ins Günstige umzukehren, z. B. indem sie der Göttin in vielen ihr gewidmeten Tempeln opfern.[5]

*

Pindar hat in seinem Olympischen Preislied auf Ergoteles aus Himera die Tyche angerufen. Er nennt sie »*Retterin* Tyche«

---

[5] So sagt die römische Mythologie auch, daß Fortuna in Rom eines ihrer Attribute, nämlich die für ihre Unbeständigkeit zeugenden Flügel, ablegte, um – als Glück – für immer in der Stadt zu bleiben.

und bezeichnet sie als Tochter des »*befreienden* Zeus«. Gleichwohl evoziert er sodann die Unbeständigkeit ihres Wirkens. Die genannte Ambivalenz wird nicht in die eine oder andere Richtung begradigt.[6]

> Hör mich, Tochter du des befreienden Zeus,
> Sei dem mächt'gen Himera gnädig, bewahr es, Göttin des Glücks!
> Denn du bist's, die rasche Schiffe übers Meer
> Steuert, auf dem Festen lenkst du den tobenden Krieg
> Und den Markt, da man des Rats pflegt. Der Männer
> Hoffen freilich fährt gar zu oft zur Höhe und wieder zu Tal, die
> See des eitlen Wahns zerschneidend.
> Nimmer ward der Irdischen einem durch Gott
> Über das, was künftig geschieht, ein verläßlich Zeichen, es bleibt,
> Vor dem Kommenden auch blind der helle Sinn.
> Viel gerät dem Menschen anders, als er's gedacht:
> Hier der Freuden Gegenbild; dort, die noch eben
> Mit dem wilden Braus sich schlugen, tauschen
> in kürzester Frist schon reichen Segen ein für Leiden.
>   (*12. Olympische Ode*, Str. 1 u. 2)

*

Schillers Wallenstein ist zutiefst davon überzeugt, daß *sein Geschick*, das ihn »wie in einem Zauberringe« gebannt hält, in den Sternen vorgezeichnet ist:

---

[6] Vgl. hierzu Michael Theunissen, *Pindar: Menschenlos und Wende der Zeit*, 377.

Zufall – Koinzidenz und Schicksal

> Die himmlischen Gestirne machen nicht
> Bloß Tag und Nacht, Frühling und Sommer – nicht
> Dem Sämann bloß bezeichnen sie die Zeiten
> Der Aussaat und der Ernte. Auch des Menschen Tun
> Ist eine Aussaat von Verhängnissen,
> Gestreuet in der Zukunft dunkles Land,
> Den Schicksalsmächten hoffend übergeben.

»Eine Aussaat von Verhängnissen«[7] – seine jeweiligen Lebensumstände und -situationen sind von unergründlichen Mächten über den Menschen verhängt als etwas, dem er nicht entrinnen, dem gegenüber er nur *hoffen* kann, daß die Schickungen ihm wohlgesonnen und günstig sein mögen. Darum kann Wallenstein sagen:

> Es gibt keinen Zufall;
> Und was uns blindes Ohngefähr nur dünkt,
> Gerade das steigt aus den tiefsten Quellen.

Für Wallenstein sind es »die himmlischen Gestirne«, die »aus den tiefsten Quellen« die Geschicke der Menschen lenken. Ihnen vertraut er blind und läßt sich durch keinerlei vernünftige Ratschläge oder Warnungen von dem Weg abbringen, den sie ihm zu weisen scheinen. Für andere sind es, wenn schon nicht transzendente Mächte, so doch die Gesetzmäßigkeiten der Natur oder rationale Zusammenhänge, die für das jeweilige Geschehen verantwortlich sein sollen. Andere sind davon überzeugt, daß das eigene Tun und Wollen, bewußt oder unbewußt, die Zügel führt.

Besonders deutlich wird diese Tendenz zur Entschärfung des Zufalls in der Theorie der *Synchronizität*, die C. G. Jung

---

[7] »Verhängnis« hatte zur Zeit Schillers noch nicht die eindeutig negative Konnotation, die es heute hat.

im Jahr 1930 entwickelte, zuerst im Zusammenhang mit dem Versuch einer Erklärung der positiven »Treffer« der Orakelsprüche des altchinesischen Weisheitsbuches *I Ging*. Gemeint ist mit dem Begriff der Synchronizität zunächst eine unerwartete, nicht kausal hervorgebrachte Parallele zwischen gewissen physikalischen und gleichzeitigen psychischen Geschehnissen. Schon bei Jung, vor allem aber bei vielen seiner Schüler geht es dann aber allgemeiner um ein *sinnvolles* Zusammentreffen scheinbar ganz unterschiedlicher Fakten oder Geschehnisse, wobei dieser Sinn als eine Art Resultat selbständiger Fügung verstanden wird. Macht man gleichzeitig verschiedene Erfahrungen, die eine verwandte, ähnliche oder selbe Bedeutung zu zeigen scheinen, so soll man dem dieser Auffassung zufolge – allerdings durchaus mit Vorsicht und Unterscheidungsvermögen – Weisungen für anstehende Entscheidungen des täglichen Lebens entnehmen können. Es gilt darum, aufmerksam auf solche Synchronizitäten zu achten. Man hört z. B. im Radio von einer aktuellen Begebenheit in einer bestimmten Stadt, und zufällig trifft man einen alten, jahrelang nicht mehr gesehenen Bekannten, der eben dort geboren ist, bevor ausgerechnet am selben Tag die Einladung zu einem Vortrag in jener Stadt eintrifft. Trägt man dieser Synchronizität Rechnung, so sieht man darin einen vom Schicksal gegebenen Hinweis darauf, die Einladung anzunehmen.

Der Zufall, falls man weiter von einem solchen sprechen will, soll hier also kein »reiner« oder »bloßer« Zufall sein. Er bedeutet vielmehr ein sinnhaftes Zusammentreffen verschiedener Ereignisse, *das sich zwar nicht kausal erklären läßt*, andererseits aber darauf verweist, daß der Kosmos im Ganzen ein sinnvoller Zusammenhang ist, in den jedes einzelne Geschehen hineingehört. Ich meine jedoch, daß dies im Grunde keine Spezifizierung, sondern eine Leugnung des Zufalls darstellt. Denn der Zufall als solcher ist zwar ein Zusammenhang, in dem die Zusammentreffenden etwas miteinander zu tun haben, in dem sich insofern ein gemeinsamer »Sinn« ergibt, aber dieses Sich-ergeben geht nicht nur nicht auf ein kausales Geschehen zurück, sondern auch nicht auf eine geheime und geheimnisvolle kosmische oder sonstwie zu klassifizierende Fügung. Es ist ein dem Einzelnen zu-fallendes Auftauchen aus Nichts: »Zufällig kommst du entgegen, zufällig schau' i dich an.«

Es scheint widersprüchlich zu sein, wenn man im strikten Sinne von einem *zufälligen Zusammenhang* spricht. Verliert sich nicht die Zufälligkeit in dem Augenblick, da sich ein Zusammenhang ergibt, da das Zusammen*fallen* ein Zusammen*hängen* wird? Ich denke, die Erfahrung des Zufalls als solchen ist in der Tat in sich widersprüchlich, sein Begriff ist nur als Paradox zu fassen. Es ist wichtig, dieses Paradox in seiner Geheimnishaftigkeit zu sehen und stehen zu lassen. Goethe sagte einmal zu Eckermann: »Es gibt in der Natur ein Zugängliches und ein Unzugängliches. Dieses unterscheide und bedenke man wohl und habe Respekt. Es ist uns schon geholfen, wenn wir es überhaupt nur wissen, wiewohl es immer sehr schwer bleibt, zu sehen, wo das eine aufhört und das andere beginnt. Wer es nicht weiß, quält sich vielleicht lebenslänglich am Unzugänglichen ab, ohne je der Wahrheit nahe zu kommen. Wer es aber weiß und klug ist, wird sich am Zugänglichen halten, und indem er in dieser Region nach allen Seiten geht und sich befestigt, wird er sogar auf diesem Wege dem Unzugänglichen etwas abgewinnen können.« (Johann Peter Eckermann, *Gespräche mit Goethe in den letzten Jahren seines Lebens*, Kapitel 84) Der Zufall ist in diesem Sinne sowohl unzugänglich wie zugänglich. Ein Zusammentreffen als zufälliges zu bezeichnen, heißt, daß es als geschehendes und als solches zugängliches Ereignis anerkannt und aufgenommen wird, daß sein reines Sich-ergeben aber zugleich als erstaunlich und fremd und d.h. letztlich unzugänglich erfahren wird, daß seine Konstellation nicht als ein Zusammengestelltsein, sondern als ein Zusammenstehen, vielleicht als ein spielerisches Sich-zusammenstellen verstanden wird.

*

Max Frisch hat sich immer wieder mit der Zufälligkeit beschäftigt, damit, daß alles hätte »immer auch anders sein können« und es »keine Handlung und keine Unterlassung« gibt, »die für die Zukunft nicht Varianten zuließe« (zitiert nach Klara Obermüller, *Das Bildnis des Max Frisch*). »Auf der Bühne hat er die Zufälligkeit des Geschehens ebenso durchexerziert, wie er der Festlegung des Geschriebenen in seinen Prosaarbeiten zu entgehen suchte.« (a.a.O.) In der Schillerpreis-Rede aus dem Jahr 1965 spricht Frisch von der »Suche nach einer Dramaturgie, die eben die Zufälligkeit akzentuiert«. Und in *Biografie: Ein Spiel* heißt es: »Ich weigere mich nur, dass wir allem, was einmal geschehen ist – weil es geschehen ist, weil es Geschichte geworden ist und somit unwiderruflich – einen Sinn unterstellen, der ihm nicht zukommt.« (52)

»Am Ende ist es immer das Fällige, was uns zufällt.« (Max Frisch, *Tagebuch 1946–1949*, 340 f.) Doch was ist »fällig«? Wer oder was »entscheidet«, was fällig ist? Gibt es eine wie auch immer geartete schicksalhaft begründende Instanz, die Ort und Zeit und Eigenart dessen bestimmt, was uns jeweils so oder so trifft? Oder ist es vielmehr einfach das, was jeweils, und zwar in Bezug auf uns, der Fall ist? Ist das Zufällige das Fällige? Oder haben wir es uns letztlich selbst zuzuschreiben, daß wir in diese oder jene Situation geraten sind, daß uns dies oder jenes widerfährt?

Eines der Grundthemen von Frischs Roman *Homo faber* ist das problematische Verhältnis von Zufall und

Schicksal oder Fügung. Die Hauptperson, Walter Faber, versteht das Leben als eine Aneinanderreihung von Zufällen. So unwahrscheinlich die Ereignisse teilweise auch sind, von denen in dem Roman berichtet wird, für Faber sind sie gleichwohl solches, »was auch anders hätte sein können«, für das es also keinen kausalen und damit auch keinen Erklärungsgrund gibt. Er betont: »Ich glaube nicht an Fügung und Schicksal, als Techniker bin ich gewohnt, mit den Formeln der Wahrscheinlichkeit zu rechnen.« (22) Weder ein über allem wachender transzendenter Geist noch der eigene freie Wille und das eigene Entscheidungsvermögen fungieren als Ursache für die den Menschen treffenden »Schicksalsschläge«.

Faber erlebt eine Reihe von ganz unwahrscheinlichen Zufällen, Ereignissen also, die nicht zu erwarten oder gar vorherzuberechnen waren und durchaus auch anders hätten geschehen können, die aber, wie alles Zufällige, in einer umfassenden Wahrscheinlichkeitsrechnung ihren Platz finden. Sie waren zwar unwahrscheinlich, aber nicht unmöglich: so sind sie eben passiert.

Das Postulieren von Zufälligkeit widerspricht in dieser Geschichte zunächst keineswegs einem rationalistischen Weltbild. Der Mensch als *faber*, als Hersteller, lebt in einer Welt, in der jedenfalls auch Plötzliches, Ungeplantes, nicht von ihm selbst Hergestelltes begegnet. Erst als das schuldhafte eigene Mitwirken an dem, was ist, schmerzhaft deutlich wird und nicht mehr verdrängt werden kann, wird die Überzeugung von der objektiven Schicksalhaftigkeit im Sinne einer absoluten Zufälligkeit allen Geschehens fragwürdig.

Daß die »Schicksalsschläge« *ihm* passieren, also in einem in diesem Sinne verstandenen Schicksalsbezug zu *ihm* stehen, ergibt den »Witz« (nach Frischs eigenen Worten), »daß ein Mensch, der in seinem Denken die Zufälligkeit postuliert, eine Schicksalsgeschichte erlebt.« Mir scheint, daß das Schicksal hier unbemerkt den zuvor genannten, dem Zufall nicht mehr entgegengesetzten zweiten Sinn angenommen hat. Versteht man das Schicksal nicht als vorherbestimmte und vorherbestimmende Fügung, sondern als das Geschick, das die Lebensgeschichte eines Einzelnen ausmacht, ist es eigentlich kein Witz, sondern fast eine Tautologie.

Alltägliche und erstaunliche Koinzidenzen, erfreuliche und unerfreuliche Begebenheiten, tiefgreifende Erlebnisse und flüchtige Erfahrungen, entscheidende und unscheinbare Begegnungen – all dies macht den Stoff unseres Lebens aus, ist unser Schicksal. Schicksal in diesem Sinne verstanden ist gewissermaßen der personalisierte, d. h. der einzelnen Person zugefallene Zufall. Die Schicksalsereignisse geschehen blind und zufällig. Keine wie auch immer geartete Macht steht hinter ihnen. »Zufall ist der gebräuchlichste Deckname des Schicksals«, sagt Fontane einmal. Oft heißt es resignierend oder entschuldigend oder sogar als Trost: »Es war eben Schicksal«, wenn man sagen will, daß sich ein bestimmtes Geschehnis quasi »von selbst« vollzogen hat. Der Unterschied zwischen Schicksal und Zufall liegt dann darin, daß wir die Zufälle als sich sozusagen »objektiv« ereignend erfahren, während das Schicksal zwar auch ein zufälliges Geschehen ist, aber in einem bedeutsamen Bezug zum Einzelnen gesehen wird, dem es zu-fällt.

Insofern ist es mit dem Schicksal ähnlich wie mit dem Sinn des Lebens. Wir können einen übergreifenden, vorherbestimmten Sinn des Lebens leugnen, wie wir ein in der göttlichen Vorsehung oder der Weisheit der Sterne liegendes, über allem waltendes Schicksal leugnen können. Aber wie wir uns durchaus mit unserem persönlichen, von Zufällen durchzogenen und sogar allererst gebildeten Schicksal auseinandersetzen, mit ihm hadern oder es anerkennen usw., so können wir unser Leben auch mehr oder weniger sinnvoll leben und gestalten. Wenn wir die bestimmende Funktion der Zufälle in unserem Leben sehen, heißt das gleichwohl nicht, daß wir »zufällig leben«.[8]

---

[8] Dagegen: »Vivere per caso non è vivere.« (Pavese)

auffallen, auffällig

An anderer Stelle dieses Buches habe ich eine Nebenbemerkung von Brecht über Goethe angeführt: »Er hatte so ein gutes Gedächtnis. Wußte immer, was ihm einmal eingefallen war. (Oder fiel ihm nichts ein, nur alles auf?)« »Fiel ihm nichts ein, nur alles auf?« Diese Verbindung des Einfallens und des Auffallens scheint nur en passant geknüpft, fast nur so dahingesagt. Doch nimmt man sie etwas genauer in den Blick und hört ihr aufmerksam nach, so erhält ihre Alternative eine besondere Bedeutung: Fällt einem etwas ein, hat man einen vielleicht erstaunlichen Einfall, dann scheint dieser aus einem ungreifbaren Raum zu kommen, er fällt aus der Ferne auf uns zu, in eine Nähe, in der er uns allererst etwas zu sagen hat, d. h. in der wir etwas mit ihm anzufangen wissen. Was uns dagegen auffällt, das liegt schon vor uns, ist vorfindlich, auch wenn wir es nicht oder nicht so erwartet hätten. Es ist *auffällig*, weil es anders ist als das Übliche, Normale.

Zuweilen fragt man sich im Nachhinein, warum einem in einer Situation oder angesichts des Verhaltens eines nahen Menschen »nichts aufgefallen« ist. Hätte man langsam sich andeutende Veränderungen nicht bemerken müssen? Dazu, daß einem etwas fast Unauffälliges auffällt, bedarf es oftmals nicht nur einer gewissen Offenheit und Aufmerksamkeit – deren bedarf es auf jeden Fall –, sondern auch einer besonderen Konstellation, gewissermaßen eines glücklichen Zufalls, der sogar den Charakter eines plötzlichen Einfalls haben kann.

Die innere Bewegung des Auffallens ist der von vielen

auffallen, auffällig

anderen Ableitungen von »fallen« entgegengesetzt, insofern in vielen von ihnen eine Art von *anheimfallen* und *uns zufallen* enthalten ist. Das Auffallende fügt sich nicht ein, paßt sich nicht an, es behauptet sich als es selbst bis zur Aufsässigkeit. Das kann auf zweierlei Art geschehen. Im einen Fall fällt das Auffällige aus der Rolle. Es ist befremdlich, zumindest auf den ersten Blick. Man hat z. B. ein bestimmtes Verhalten oder Aussehen erwartet und sieht oder erfährt stattdessen etwas verblüffend anderes. Wir werden aufmerksam, schauen genau hin, wollen uns etwas Besonderes sagen lassen, auch wenn wir noch nicht genau wissen, was. Im Grunde verhält es sich in abgemindertem Maße auch so, wenn ein Test gemacht wird, z. B. ein medizinischer Test, der zeigen soll, ob die Werte gewohnt unauffällig sind oder ob eine auffallende Veränderung vorliegt.

Im anderen Fall liegt das Verblüffende eher im »Daß es so ist« als im »Was es ist«. Auch hier geht es darum, daß sich eines von anderem bzw. von seiner Umgebung abhebt und darum auffällt. In einer grauen Menge ein rotes Kleid, in einer langweiligen Unterhaltung eine kluge Bemerkung, ein plötzlicher Jasmin-Duft an einem gewöhnlichen Abend. Wenn ein Kind verhaltensauffällig genannt wird, heißt das, daß es sich anders verhält als die anderen und anders, als man es von ihm erwartet. Auffällig wird dabei letztlich es selbst, oftmals will es die Aufmerksamkeit auf sich ziehen, d. h. darauf, daß es überhaupt da ist.

Der Kampf um Anerkennung, das Bemühen um Aufmerksamkeit ist wohl meistens das, was hinter dem Sich-Abheben-wollen von den Anderen steckt. Die Absicht, die dahinter steht, wenn jemand, z. B. durch ausgefallene Kleidung oder durch abweichendes Verhalten, auffallen will, ist leicht zu entziffern. Wir finden sie auch im Tierreich: Bestimmte Arten von Fröschen, Eidechsen, Fischen und Vögeln wechseln in der Paarungszeit z. B. ihre Farbe, um aufzufallen.

Sogar bei den Pflanzen gibt es ein ähnliches Phänomen des Auffallens: Z. B. wachsen die an ihnen selbst sehr unscheinbaren Linsenpflanzen in Italien und Griechenland zusammen mit Mohn, dessen leuchtendes Rot den Bienen auffällt und sie zur Bestäubung heranlockt.

Andererseits begegnen wir – auch hier bei unterschiedlichen Lebewesen – oft einem gegenteiligen Verhalten, der Bemühung, auf keinen Fall aufzufallen, sich anzupassen. Zu einem guten Teil gehört es auch zu einem gegenwärtigen, »demokratischen« Ideal, *unauffällig* zu sein, sich einzufügen. Die Figur des Angebers und des Über-Selbstbewußten, der auffallen will und sich in den Vordergrund drängt, und die des Allzu-Bescheidenen, der sich stets im Hintergrund halten will, um nicht aufzufallen, sind nicht nur zwei Persönlichkeitstypen, sondern kennzeichnen zuweilen auch unterschiedliche Altersstufen einer selben Person oder auch unterschiedliche Gesellschaftsformationen.

Wenn uns etwas auffällt, heißt das, daß wir einen Unterschied bemerken. Das Unauffällige ist das Undifferenzierte, Gleichförmige, Gewohnte. Ein paar Mal ist mir die Formulierung »auffallend unauffällig« begegnet.[1] Unscheinbare Kräuter, ein Hirtentäschel am Weg, blasse Gesichter im Zug, ein kleiner Käfer auf dem Grashalm, – mannigfaltig Unscheinbares kann uns plötzlich auffallen, das Gewohnte wird erstaunlich, ohne seine Unauffälligkeit zu verlieren.

Das Unauffällige scheint gewissermaßen in die Menge zurückgestellt. Zuweilen aber fällt gerade dieses auf. Etwas, das eigentlich hervorstechen und leuchten könnte, hält sich zurück, verharrt im Hintergrund. Soll da vielleicht etwas verborgen werden? Wenn einer auffallend schweigsam ist und

---

[1] Vgl. z. B. Ines Schumann, *Frauenkriminalität – Auffallend unauffällig: Indiz für die Konstruktion und Zementierung einer asymmetrischen Geschlechterordnung?*

also unauffällig bleibt, fragt man sich, was dahinter stecken könnte.

Es ist also nicht nur das an ihm selbst Auffallende und Auffällige, was auffällt. Wenn das Auffallen, wie ich gesagt habe, eines besonderen Aufmerkens und In-den-Blick-nehmens bedarf, so liegt es, zumindest zum Teil, an diesem Blick, *ob* etwas auffällt und *was* und *wann* es auffällt. »Ein Haus, einen Tisch oder einen Krug so zu betrachten, daß man nicht bereits alle Antworten auf mögliche Fragen bereit hat und damit die Fragen gar nicht erst aktualisiert, erfordert, ... mich selbst von diesem Gegenstand so zu distanzieren, daß ich ihn sehe wie ein Wilder, der niemals derartige Dinge gesehen hat.«[2] Dem fremden Blick, dem Blick, der das Gesehene als Fremdes und d.h. Fragliches sein läßt, können die scheinbar vertrauten Dinge – wie Haus, Tisch und Krug – auffällig und besonders werden.

Rilkes Buch *Malte Laurids Brigge* lebt mit von dem, was diesem Mann Malte aufgefallen ist. Er war in übergroßem Maße offen für das, was ihn umgab, so daß ihm die kleinsten, selbstverständlichsten, unauffälligsten Dinge aufzufallen vermochten. Aber nicht nur die. Wie Malte den Tod des Kammerherrn Christoph Detlev Brigge erfährt, das macht dieses für sich schon große Ereignis zu etwas die gesamte Umgebung mitbetreffenden ganz und gar Auffälligen. An den Abbruchresten eines Hauses mit seinen bloßgelegten Wänden gehen täglich unzählige Menschen achtlos vorüber. Doch für Malte, der ein fast krankhaftes Gespür für die geheimen Spuren gelebten Lebens und unterschwelliger Zusammenhänge hat, wird diese Hauswand zu etwas durchaus

---

[2] Hans Blumenberg, *Sokrates und das ›objet ambigu‹. Paul Valérys Auseinandersetzung mit der Tradition der Ontologie des ästhetischen Gegenstandes*, 95 (zitiert nach Bernhard Marx, *Ja und Nein. Der lebendige Gegensatz*, unveröffentlichtes Manuskript, 29)

Auffälligem.[3] Besonders eindringlich ist auch die Schilderung von Maltes Erfahrung seiner eigenen Hand, die – in auffallender scheinbarer Unabhängigkeit – unter dem Tisch nach hinuntergefallenen Gegenständen tastet.

Etwas in dem jetzt gemeinten Sinne als auffällig zu erfahren, heißt, etwas so zu sehen, als sähe man es zum ersten Mal. St. Exupéry hat in *Der kleine Prinz* das Zum-ersten-Mal-sehen wörtlich genommen und die Geschichte des Bewohners eines kleinen Planeten erzählt, der seinen winzigen Wohnort verläßt, um auf seiner Reise zu unterschiedlichen Planeten eine große Zahl von Menschen und Verhaltensweisen kennenzulernen, die er nicht einfach als gegeben hinnimmt, sondern die ihm in ihrer je spezifischen Merkwürdigkeit auffallen und die er in ihrem Sosein zu verstehen sucht.

Es scheint, daß dem Kleinen Prinzen das ihm Begegnende nicht nur aufgefallen ist, daß es ihm auch *auffällig geblieben* ist. Er gab, wie es heißt, keine Erklärungen, wohl, weil er für sich selbst auch keine Erklärungen im gewöhnlichen Sinne suchte. Darum antwortete er so oft nicht auf die Fragen, die ihm gestellt wurden. Er fragte selbst, bis er etwas sinnvoll vor sich sehen konnte, aber das heißt nicht, daß er Begründungen dafür finden wollte. Er ließ das Unbegreifliche mit anhaltendem Staunen vor sich bestehen: »Die großen Leute sind sehr sonderbar, sagte sich der kleine Prinz auf seiner Reise.«

Die Auffälligkeit bedarf, wenn sie keine bloße, oberflächliche Merkwürdigkeit ist, eines Aufmerkens, das das Auffallende erst auffällig sein läßt. Es ist mit dem Bemerken von Auffälligem wie mit dem Erstaunen, das etwas Anderes als die Wahrnehmung von noch Unbegreiflichem und noch Unerklärtem sein will. Es kommt auf den fragenden und vor

---

[3] Und vermutlich ergeht es notgedrungen jedem, der Rilkes Schilderung gelesen hat, ähnlich, wenn er an einer solchen Wand vorbeikommt.

auffallen, auffällig

auffallen, auffällig

allem offenlassenden Blick an. In der Offenheit können sich Beziehungen entfalten, die nicht den Charakter gemeinsamer Artzugehörigkeit oder partieller Identität haben, sondern Entsprechungen, vielleicht Verwandtschaften, vielleicht aber auch nur gegenseitige Erinnerungen sind. Sie überhaupt als Beziehungen zu sehen, verdankt sich einem mehr oder weniger zufälligen Blick, der sie in ein Bild zusammensieht.

Das meiste fällt uns nicht auf. Es bleibt unauffälliger Bestandteil unserer alltäglichen Umgebung. Sollten wir alles, was da ist, eigens bemerken, unser Wahrnehmungsvermögen wäre bei weitem überfordert, – unser Kopf würde zerspringen. Ständig wählt unsere Aufmerksamkeit aus. Wir *sehen* vor allem das, was uns jeweilig angeht bzw. was in der uns angehenden Welt in weitestem Sinne relevant ist. Genauer, was je und je eine Relevanz gewinnt. Indem sich unser Verstehen der Welt in langer Entwicklung allmählich gebildet hat, ist, was sie ausmacht, vertraut und unauffällig geworden.

Für Kinder ist das noch anders. Ihnen fällt vieles auf und kommt vieles erstaunlich vor, was wir längst gewohnt sind. Auch mit fiebrigen Augen sehen wir die Dinge oftmals fremd und als hätten sie ein eigenes Leben. Rilke hat in seinen Gedichten zuweilen Bilder solchen Unvertrautseins mit den alltäglichen Dingen gemalt.[4] Geschehnisse und Gegenstände

---

[4] Vgl. etwa aus *Das Lied des Idioten:*
»Ah was ist das für ein schöner Ball
rot und rund wie ein Überall.
Gut, dass ihr ihn erschuft.
Ob der wohl kommt wenn man ruft?

Wie sich das alles seltsam benimmt,
ineinandertreibt, auseinanderschwimmt:
freundlich, ein wenig unbestimmt.
Wie gut.«

fallen plötzlich auf, weil der selbstverständliche Zusammenhang, der sie sonst verknüpft, zerfallen ist.

Man könnte sagen, daß, wenn einem unversehens etwas auffällt, das gewohnte Etwas-als-etwas-sehen hinfällig geworden ist. Eine Zimmerwand nehmen wir »normalerweise« als eine Zimmerwand wahr, einen Baum als einen Baum, ein Nachbarskind als ein Nachbarskind. Aus den unterschiedlichsten Gründen, in den unterschiedlichsten Situationen, in Zuständen besonderer Wachheit oder auch besonderer Müdigkeit oder Schwäche kann das Begegnende »wie nie gesehen« sein, aus seinen gewöhnlichen Zusammenhängen herausfallen und uns auffallen. In anderem Sinne können wir sagen, daß wir das vor uns Liegende erst jetzt *als es selbst* sehen, so wie es an ihm selbst, wie die Wand *als* diese Wand ist.

Unfall

Auch euch, ihr meine Lieben,
Soll heute nicht betrüben
Kein Unfall noch Gefahr.
    (Paul Gerhardt, *Nun ruhen alle Wälder*)

In der langen Geschichte dieses Wortes hat sich seine Bedeutung kaum verändert, bis es in der neueren Zeit eine deutliche Einschränkung erfahren hat: Seit die Menschen ihre Umwelt weitestgehend selbst geschaffen haben, lauern in dieser spezifische Gefahren des Nicht-Funktionierens, deren jeweiliges Eintreten als Unfall bezeichnet wird. Seit z. B. die Fort- und Weiterbewegung von Personen und Gütern den Motoren überantwortet wurden, ist eine neue Gefahr entstanden, die Gefahr des Verkehrsunfalls, wozu nicht nur die Auto-, sondern auch die Eisenbahn-, Schiffs- und Flugzeugunfälle gehören. Ebenso drohen, seit die Arbeit mechanisiert, elektrifiziert und schließlich digitalisiert wurde, die Gefahren eines Arbeitsunfalls bis hin zum größten anzunehmenden Unfall, dem GAU des Atomunfalls. In all diesen Fällen handelt es sich sehr häufig um zufällige Vorfälle, die zudem oft letztlich menscheninduziert sind.

    Bei einem solchen Unfall im heutigen Sinne funktioniert etwas nicht so, wie es sollte, es tritt eine Störung auf, es geht etwas schief, meist unbeabsichtigt[1] und unvorhersehbar, aber andererseits innerhalb eines Systems oder Settings,

---

[1] Den Ausnahmefall des durch ein Attentat, eine Mordabsicht oder einen Selbstmord herbeigeführten Unfalls kann ich hier beiseitelassen.

das von Menschen geschaffen wurde. In ihm ist prinzipiell auch die Möglichkeit von nicht nur natürlich-materiellen, sondern ebenso von menschlichen Fehlern und menschlichem Fehlverhalten impliziert. Eine Fehlgeburt oder eine Krankheit jedoch, Blitz und Donnerschlag, ein gewöhnliches oder ungewöhnliches Unglück, ein widerfahrenes Pech – all das würde man heute gewöhnlich nicht mehr als Unfall bezeichnen.

Früher war ein Unfall ein widriger Vorfall, ein Unglück, sei es ein großes Unheil oder ein kleines, ein Mißgeschick.[2] In der Literatur begegnet das Wort oftmals in religiösem Zusammenhang: Gott schützt vor Unfall und Gefahr. Glück und Unglück scheinen zum Leben der sterblichen Menschen dazuzugehören. Doch wer Gott vertraut, dem kann das Unheil am Ende nichts anhaben. So dichtet Matthias Claudius:

> Er will uns allezeit ernähren,
> Leib und Seel auch wohl bewahren;
> Allem Unfall will er wehren,
> Kein Leid soll uns widerfahren,
> Er sorget für uns, hüt't und wacht.
>
> *(Die Gemeine)*

Und in Johann Rists *Reisegesang* heißt es:

> Soll denn ein Unfall treffen mich,
> So warne mich, Herr, gnädiglich,
> Gleich wie der Stern die Weisen.

Sub specie aeternitatis, d. h. im Hinblick auf die Weisheit und Güte Gottes betrachtet, kann der Unfall, wenn er trotz War-

---

[2] Passiert einem Kind ein Mißgeschick, so sprechen wir auch heute noch von beschwichtigend von einem »kleinen Unfall«.

nung und Fürsorge doch eingetreten ist, sogar, wie man sagt, »sein Gutes haben«. Paul Gerhardt bekräftigt in diesem Sinne – und das ist wohl mehr, als was man in Bezug auf einen Verkehrsunfall, geschweige denn einen Reaktorunfall je sagen könnte –:

> Als mir aller Mut entfiel:
> Tratst Du, mein Gott, selbst ins Spiel,
> Gabst dem Unfall Maß und Ziel.
> *(Auf den Nebel folgt die Sonne)*

Der Unfall ist hier dem Glück[3] entgegengesetzt und gehört zusammen mit Gefahr, Leid, Schaden, Unglück. Er kann von überallher eintreten, im Krieg wie auf der Reise, durch Krankheit wie durch böse Absichten anderer. Selbst wenn er durch eigenes Verschulden kommt, *trifft* und *widerfährt* er. Den (eigenen) Unfall kann man nicht wollen. Auch hier begegnen wir also wieder jenem merkwürdigen Zu-fallen, das sich zwischen uns und dem als Unfall Erfahrenen, sozusagen dem »Un-fallenden«, begibt. Diese ad hoc-Wortbildung kann uns übrigens die Merkwürdigkeit des Wortes *Unfall* vor Augen führen. Dieses »Un-« bedeutet nicht eine Negation des Fallens – es ist kein Verneinungspräfix –, sondern vielmehr eine Negation seines möglichen positiven Inhalts.[4] Während Unglück oder Unheil die Negation von Glück und Heil bedeuten, ist der Unfall das Gegenteil eines Glücksfalls, aber nicht des Falls überhaupt.[5]

---

[3] Vgl. die folgende Zeile aus dem Gedicht *Prüfung am Abend* von Gellert: »Trug ich das Glück mit Dank, den Unfall mit Geduld?«
[4] In keiner der mir bekannten europäischen Sprachen hat das Wort einen ausdrücklichen negativen Anteil.
[5] Es scheint allerdings, daß sprachgeschichtlich eine Phase der Gleichbedeutung von Fall und Unfall vorauszusetzen ist.

Unfall

Eine Ausnahme könnte vielleicht die Bedeutung von »Unfall« im Titel von Paul Klees gleichnamigem Bild aus dem Jahr 1939 darstellen.[6] Es zeigt ein auf dem Kopf gehendes – oder sogar tanzendes? – Mädchen unter der Fermate eines kleinen Halbmonds oder eines Auges. Zwar erscheint der Kopf in fast verschwommenem Dunkel, vielleicht der Erdnähe, aber die dem Oben zugewandte Unterhälfte des Körpers ist so hell und leicht gemalt, daß sich die Assoziation eines Unglücks nicht einstellt. Vielmehr könnte dieser Unfall tatsächlich so etwas wie ein Un-Fall sein, ein Fall, der sich in sein Gegenteil verkehrt bzw. der zugleich sein Gegenteil ist. Für diese Auslegung spricht, daß dieses Bild im Oeuvre-Katalog auch als »Vorarbeit« zu dem Bild »Ein Mädchen stirbt und wird« bezeichnet wird.[7] In einer »Sphäre«, »in der du stirbst und endend aufersteshst« (Benn, *Epilog-Gedichte V*), könnte sich auch der möglicherweise endgültige Fall als sein Gegenteil, als ein Un-Fall, als ein neues Aufstehen, erweisen.

Heute wird der Begriff »Unfall« häufig auf Funktionsstörungen des alltäglichen Lebens[8] eingeengt, was ihm in gewissem Sinne seine Schicksalhaftigkeit nimmt. Der Unfall war früher allgemeiner ein Zu-fall im wörtlichen Sinne, er gehörte zu den *res adversae* – den gegenwendigen Dingen –, war kein bloßer »Betriebsunfall«. Von einem solchen spre-

---

[6] Vgl. v. Verf.: *Im Raum der Gelassenheit: die Innigkeit der Gegensätze*, 78
[7] Zu Klees »Unfall« vgl. Bernhard Marx, P. Klee, Unfall (1939, 1178) – *Warum ein Mädchen auf dem Kopf geht.*
[8] Daneben bleibt auch die frühere Bedeutung bestehen. So etwa wenn Erich Fried in *Zum Tode von Ingeborg Bachmann: Mit scharfem Gehör für den Fall* schrieb: »Ihre Grundfragen blieben immer die gleichen. Ihre Hilflosigkeit und pechvogelhafte Anfälligkeit für allerlei kleineres Mißgeschick und unwahrscheinliche Unfälle beruhten vielleicht unmittelbar auf der Ratlosigkeit gegenüber den Grundfragen, an denen sie dennoch festhielt.«

chen wir heute, wenn wir andeuten wollen, daß der Vorfall zwar irgendwie zufällig geschah, aber andererseits keine größere, eben schicksalhafte Bedeutung hatte, – auch wenn die Folgen dann durchaus einen schweren Schicksalsschlag darstellen können.[9] Ein derartiger Unfall »kann eben passieren«.[10] Doch neben den bloßen Betriebsunfällen drohen natürlich weiterhin die »großen« Unfälle, etwa Atom- oder Giftunfälle.

Die Bedrohung durch Unfälle mannigfacher Art ist allgegenwärtig. Ihre Wahrnehmung ist jedoch bekanntlich merkwürdig subjektiv, was sich u. a. auch in ihrem Niederschlag in der Literatur zeigt. Während die statistisch zweifellos bedrohlichsten *Verkehrsunfälle* relativ geringen Eingang finden[11], sind die drohenden oder realen Störfälle in Atomkraftanlagen häufig thematisiert worden. Prominentes Beispiel ist da Christa Wolfs Text *Störfall,* in dem es maßgeblich um die Katastrophe von Tschernobyl geht.[12] Zweifellos sind auch die modernen Unfälle »schicksalhaft«. Aber sie sind zugleich im engeren oder weiteren Sinne »menschengemacht«. Auch ein unverschuldeter Verkehrsunfall geschieht in einem von Menschen geschaffenen Sach- bzw. Funktionszusammenhang.

---

[9] Etwa für die Familienangehörigen dessen, der einen Verkehrsunfall erleidet.

[10] Es sei denn, daß einer wie Palmström – so berichtet es Morgenstern – erkennt, daß »nicht sein kann, was nicht sein darf.« *Die unmögliche Tatsache* ist die unnachahmliche Geschichte von einem Unfall, der sich gewissermaßen in Luft auflöst, weil sein Opfer, »eingehüllt in feuchte Tücher« die »Gesetzesbücher« prüfend, die Rechtmäßigkeit des Vorgefallenen in Zweifel ziehen muß.

[11] Ein Beispiel für eine literarische Bearbeitung wäre Heimito von Doderers Roman *Strudlhofstiege,* in dem ein Verkehrsunfall und seine Folge eine entscheidende Rolle spielt.

[12] Ein weiterer Unfall – ein »Betriebsunfall« steht am Anfang und Ende von Wolfs Erzählung *Der geteilte Himmel.*

hinfällig

Hinfällig werden Pläne oder Vorschriften, Vorhaben oder Abmachungen, wenn sie nicht mehr gelten; sie werden gegenstandslos, weil sie nicht mehr notwendig sind, sich erübrigt haben. Menschliche Antriebe oder Interessen können, wenn sie sich überlebt haben, hinfällig geworden sein, ebenso wie Kulturen oder Institutionen. So sagt Nietzsche in *Der Philologe der Zukunft*: »Auf immer *trennt* uns von der *alten Cultur*, daß ihre *Grundlage* durch und durch für uns *hinfällig* geworden ist.« (Nietzsche, *Wir Philologen*, Kap. 7, 259, *Der Philologe der Zukunft*.) Die alte Kultur hat ihre Daseinsberechtigung verloren, etwa weil die Bedürfnisse, auf die sie geantwortet, die Impulse, aus denen sie gelebt hatte, ihre Bedeutung verloren haben. Von Haustieren würden wir vielleicht ebenfalls sagen, daß sie hinfällig sind, aber jedenfalls nicht von Dingen, von Gebäuden etwa oder von Möbeln oder Büchern.

Vor allem aber sprechen wir von »hinfällig« und »Hinfälligkeit« in bezug auf den Leib, vor allem auf den gebrechlichen menschlichen Leib, auf das Altern. Beim alten Menschen lassen körperliche Kraft und Energie nach, er steht nicht mehr so sicher auf seinen Beinen, geht nicht mehr so kompetent wie zuvor durch die Welt, seine Orientierungsfähigkeiten in Raum und Zeit schwinden langsam dahin: er wird hinfällig.

Die Hinfälligkeit des Alters ist wohl die uns am meisten am Herzen liegende. Adorno schrieb in einem *Offenen Brief zu Horkheimers 70. Geburtstag*, dieser habe nie »das Moment der Hinfälligkeit im Leben verleugnet, die Naturgeschichte des Leidens, deren das Individuum im Älterwerden gewahr wird.« Daß es im Leben die Hinfälligkeit gibt, gehört zur Naturgeschichte des Menschen, die auch gerade darum eine Geschichte des Leidens ist. Die alt werdenden Menschen erfahren das natürliche Dahinfallen ihres Lebens als ein unabdingbar allgemein zu Erleidendes ebenso wie als persönliches Leid.

In der eigenen Hinfälligkeit oder der Erfahrung der Hinfälligkeit naher Menschen begegnet eine nicht hintergehbare Nichthaftigkeit des eigenen Seins. Benn spricht in seinem Gedicht *Sommers* von einem Anruf, der aus »Aeons Schöpfungsliedern« an den das sommerliche »schwere Sein der Himmel« Erfahrenden ergeht:

»Ach du Hinfälliger – in eigene Fallen –«
»Ach, du Erleuchteter vom eigenen Nichts –«

Der Hinfällige fällt in eigene Fallen,[1] es ist kein äußeres Geschick, das ihn fällt wie der Blitz einen Baum. Es ist sein

---

[1] Fallen werden gegraben, damit Tiere hineinfallen. Gruben, Netze, Schlingen werden seit Urzeiten gebaut und ausgelegt, um Beute zu machen oder wilde Tiere fernzuhalten bzw. unschädlich zu machen. Doch auch Menschen gegenüber wurden und werden Fallen gestellt. In den *Deutschen Wirtschaftsnachrichten* war am 31. März 2016 zu lesen: »Russlands vermeintlicher Abzug aus Syrien war offenbar eine *Kriegslist:* Tatsächlich haben die Russen ihre Truppen lediglich umgruppiert. Die Finte sollte dazu dienen, die Terror-Milizen in eine *Falle* zu locken – um danach mit Entschlossenheit den Krieg zu beenden.«
Listen und Fallen sind seit Jahrtausenden Strategeme zur Kriegsführung. Am bekanntesten sind zweifellos die Strategem-Sammlungen aus China, die bis ins 5. Jahrhundert vor unserer Zeit zurückgehen. Aber auch in Indien, bei den alten Römern, im mittelalterlichen und modernen europäischen und im arabischen Raum gab es Schriften über listig ausgelegte Kriegsfallen. Heute spricht man u. a. von Strategie-Fallen, Copy-Cat-Fallen, Mobbing-Fallen.

eigenes nichthaftes Sein, – wenn man so will, seine »Naturgeschichte des Leidens« –, das sein scheinbares Aufrechtstehen und -gehen untergräbt, ihn zu einem Hinfälligen macht. Wer anderen eine Grube gräbt, fällt selbst hinein, sagt ein auf einen Bibelspruch zurückgehendes Sprichwort. Aber das Bennsche Bild trifft noch anderes. Der hier in seine eigene Falle fällt, auf den fällt nicht lediglich das für andere erdachte Unheil zurück – der auf andere geworfene Stein trifft ihn selbst, wie es jener Bibelspruch weiterführt –, sondern der fällt, weil er selbst *hinfällig* ist, sodaß sein Fallenstellen von vorneherein ein müßiges Tun ist. »Ich sah an alles Tun, das unter der Sonne geschieht, und siehe, es war alles eitel und Haschen nach Wind.« (Pred. 1,14) Der im Gedicht Angesprochene ist ein Hinfälliger. Sein Dastehen ist ein scheinbares, im Grunde nichtiges. Er meint zwar, mit dem Licht seines Verstandes das Begegnende bewältigen, es sich klug unterwerfen zu können. Aber jenes Licht ist selbst hinfällig, nichtig, eitel. So fällt er sich selbst zum Opfer.

Und doch –. Adorno schreibt in jenem Offenen Brief an späterer Stelle: »Das Grundgefühl endgültiger Hinfälligkeit verleiht für Dich dem was ist, was überhaupt aus dem Finsteren sich hebt, trotz aller Schuld jenes Recht, dem Du mit einer Liebe Dich zukehrst, die nicht geringer ist als Dein Schauder davor, wie jenes Seiende ist, das Du doch liebst.« Die Erfahrung der eigenen Nichthaftigkeit, die geistige »Selbstverneinung« macht nicht nur empfindsam für die Endlichkeit allen Seins, sondern sie bringt den Empfindsamen auch dazu, sich mit Fürsorge und Liebe den endlichen Dingen zuzuwenden. Nietzsche hat das sehr schön zum Ausdruck gebracht: »Ihr glaubt nicht mehr Leidenschaft für etwas empfinden zu können, weil es nur kurz lebt und weil es relativ werthvoll ist! …«

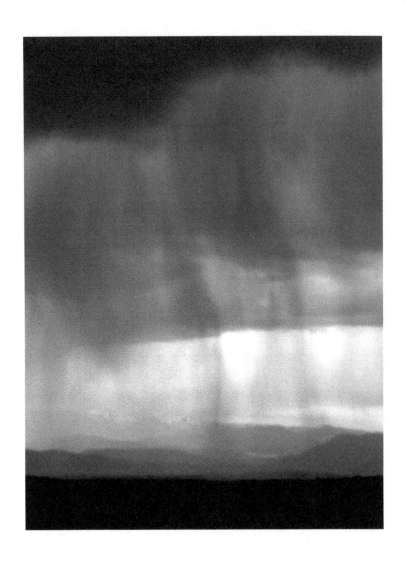

Fall

Das Substantiv *Fall* hat unterschiedliche, voneinander fast unabhängige Bedeutungen. Die nächste Bedeutung von Fall ist das unmittelbar zum Verb »fallen« gehörige Substantiv. Hier spielen die Erdanziehung bzw. die Schwerkraft und das Nicht-festhalten oder Nicht-gehalten-werden die entscheidende Rolle. Regenfall aus stürmischen Wolken, der Sturz von einer Leiter, der Fall von Newtons Apfel, oder des Apfels, den Wilhelm Tell vom Kopf seines Sohnes Walter schoß. Auch der Fall von einer im übertragenen Sinne erhabenen Stellung – »Hochmut kommt vor dem Fall«. Der Fall in diesem Sinne kann ein körperlicher wie ein geistiger bzw. seelischer Fall sein:

> Die Türme der Ebene rühmen uns nach,
> daß wir willenlos kamen und auf den Stufen
> der Schwermut fielen und tiefer fielen,
> mit dem scharfen Gehör für den Fall.
> (Ingeborg Bachmann, *Große Landschaft bei Wien*)

Wir sprechen vom *freien Fall* und meinen damit einen Fall, der allein durch die Gravitationskraft bestimmt und d.h. durch keine weiteren Kräfte, auch durch keine Stützen und Haltevorrichtungen beeinflußt oder gehindert wird. Streng genommen betont das »frei« die innere Zwiefalt, die im »Fallen« auffällt: dem Zwang der Schwerkraft, dem der Fallende passiv unterworfen ist, wird mit diesem Moment der Freiheit ein fast selbsttätiges Sich-Überlassen und Sich-Überantworten entgegen- bzw. an die Seite gesetzt.

Fall

Als zweites sei der Kasus in der Grammatik genannt, der schon bei den Griechen als Fall *(ptosis)* bezeichnet wurde. Er zeigt die Art der Abhängigkeit an, die einem Wort innerhalb eines Satzes bzw. in Bezug auf ein anderes Wort zukommt. Fachmännisch ausgedrückt: der Kasus ist eine grammatikalische Kategorie zum Ausdruck der syntaktischen Funktionen im Satz. »Fall« soll er dementsprechend heißen, weil er angibt, wie die Substantive vom Verb »abfallen« im Sinne von abhängen. Der Nominativ ist der Werfall, der das betreffende Wort als solches nennt.[1] Der Genitiv ist der Fall der Abstammung und der Zugehörigkeit, der Wesfall. Der Dativ zeigt den Empfänger der Gabe, der Wemfall. Der Akkusativ ist der Fall, der die Anklage und das Bewirkte bezeichnet, der Wenfall.

Sprechen wir alltäglich von einem Fall oder von Fällen, so handelt es sich gewöhnlich um eine der beiden folgenden Bedeutungen: Zum einen um eine der vielfältigen Schattierungen von Fall im Sinne von Einzelfall, – im Fall meines Bruders, der Fall Dreyfus, der Kriminalfall etc. Auch der Titel »Von Fall zu Fall« nimmt u.a. auf diese Bedeutung Bezug. Zum anderen sprechen wir davon, daß etwas »der Fall ist«. Hierher gehören auch die Wendungen »gesetzt den Fall«, »falls«, »für den Fall, daß«, »gegebenenfalls«, »widrigenfalls«. Die Wendung »im Fall der Fälle« bezeugt die enge Zusammengehörigkeit beider Bedeutungen.

Ein Fall im ersten der genannten beiden Sinne ist eine einzelne (konkret-individuelle) Erscheinung aus einer Mehrzahl von gleichartigen Erscheinungen. Jeder Fall ist *ein* Fall unter vielen. Insofern ist er dem Beispiel verwandt. Dieses soll jedoch – eben beispielhaft – für alle entsprechenden Er-

---

[1] Seine alten Namen sind teilweise sehr sprechend: Nennfall, Gebfall, Klagfall, Ruffall, Gebärer, Nehmer u.a.

scheinungen einstehen und ist insofern rückbezüglich auf das Allgemeine, dessen *Exempel* es ist. Bei der Heranziehung eines Beispiels geht es im Grunde nicht um dieses, sondern um das Allgemeine. Ein Beispiel repräsentiert das Ganze in einem Einzelnen, es ist ein Beispiel für …

Der Fall ist demgegenüber kein *Exempel,* sondern ein einzelnes *Exemplar* seines Allgemeinen. Im Gegensatz zum Beispiel, das den *Inhalt* als solchen betrifft, bezeichnet der Fall das *Vorkommen,* die jeweilige Existenz des Inhalts. Dabei können die Fälle untereinander sehr unterschiedlich sein, in ihrer Verschiedenheit kann sich die innere Vielfalt des Allgemeinen zeigen. Der Fall ist ein Fall von … und gilt, auch wenn er zuweilen als Beispiel für das Ganze fungieren kann, an ihm selbst. In dem bekannten Syllogismus »Alle Menschen sind sterblich; Sokrates ist ein Mensch; Sokrates ist sterblich« ist Sokrates ein spezifischer Fall und kein Beispiel des Allgemeinen Mensch. Es geht nicht um eine Aussage über den Menschen im Allgemeinen, sondern über Sokrates im Besonderen. Sagten wir dagegen »Menschen müssen oft für ihre Überzeugungen leiden; Sokrates etwa mußte den Schierlingsbecher trinken«, so ist Sokrates auch ein Beispiel und nicht nur ein Fall.

Der Fall als solcher ist ein Einzelfall, welcher Begriff insofern ein *hen dia duoin* ist. Doch wird oftmals mit dem betonten »Einzel-« ausgedrückt, daß es sich bei dem vorliegenden um einen Fall handelt, der sich in besonderer Weise von ähnlichen, analogen, verwandten Fällen unterscheidet. Entsprechend spricht man dann vom Sonderfall, Ausnahmefall, Paradefall, Testfall, Extremfall, Beispielfall, Bedarfsfall, Spezialfall.

Häufig lädt jedoch die Eigenart eines Falles auch zum Vergleich mit anderen Fällen ein. Ein solcher Vergleich mag sinnvolle Möglichkeiten nahelegen, wie im vorliegenden Einzelfall zu verfahren sein könnte. Die mittelalterliche christliche Predigt erschöpfte sich zu einem guten Teil in der Schilderung von bekannten, früheren Fällen aus der moralischen Praxis. In der Praxis der Rechtswissenschaft nimmt der Verweis auf frühere Fallentscheidungen einen bedeutenden Platz ein. Fallsammlungen gibt es heute in den unterschiedlichsten Bereichen, von der Medizin über die Psychotherapie bis zur Kriminalistik.[2] Wird der Fall mit einem Eigennamen verbunden – der Fall Galilei, der Fall Dreyfus, der Fall von und zu Guttenberg –, so ist dagegen die Allgemeinheit ganz in den Hintergrund getreten, es kommt allein auf die Besonderheit des Einzelfalls an. Ähnlich wie bei einem Kriminalfall steht dieses besondere »Exemplar« der jeweiligen Gattung im Mittelpunkt der Betrachtung, welche Gattung gleichwohl den allgemeinen Raum dieses spezifischen Falls darstellt.

Schauen wir nun auf den zweiten der genannten Fälle von Fall. In der Wendung »gesetzt den Fall, daß« wird aus der Fülle der theoretisch vorliegenden Möglichkeiten *ein* bestimmter Fall herausgegriffen und hypothetisch als gegeben angesetzt. Man geht also davon aus, daß ein mögliches Einzelnes unter anderen tatsächlich vorliegt und baut bei den folgenden Überlegungen darauf auf.

Entscheidend ist, daß es wirklich vorliegt. In Wittgensteins wohl bekanntestem Satz »Die Welt ist alles, was der Fall ist« meint das Der-Fall-sein das *tatsächliche Existieren*.[3] Etwas ist der Fall, wenn es sich tatsächlich in dieser bestimm-

---

[2] Nicolas Pethes hat in seinem Buch *Literarische Fallgeschichten. Zur Poetik einer epistemischen Schreibweise* eine Tradition literarischer Fallgeschichten aufgezeichnet, die u. a. Moritz, Büchner, Stifter, Döblin und Bernhard umfaßt.

[3] Ich gehe hier nicht näher auf den Zusammenhang bei Wittgenstein ein; die Bedeutungen von Der-Fall-sein, von Tatsache, von Welt usw. bedürften einer eigenen Behandlung.

ten Weise zugetragen hat oder sich tatsächlich so und so verhält. Unter allen theoretisch oder praktisch gegebenen Möglichkeiten ist gerade dieser spezifische Fall wirklich geworden. Daß die Welt *alles* ist, was der Fall ist, widerspricht nicht der Tatsache, daß der Fall als solcher immer Einzelfall ist. Er ist ein besonderer Fall unter anderen mit einer spezifischen Individualität. Wenn wir sagen »für den Fall, daß du kommst«, so sprechen wir auch hier von einem möglicherweise eintretenden Fall unter anderen ebenfalls möglichen.

*

Ingeborg Bachmann hat in ihrem fragmentarischen Roman *Der Fall Franza* die Mehrdeutigkeit des Begriffs »Fall« absichtlich oder unabsichtlich zum Scheinen gebracht.[4] Franza sieht sich von ihrem Mann, einem Professor für Psychiatrie und Psychoanalyse, zu einem psychiatrischen Fall degradiert, – degradiert, weil zu einem bloßen Objekt der Untersuchung und Behandlung gemacht und ihrer lebendig-konkreten Individualität beraubt. Insofern bedeutet »Fall« hier einerseits den medizinischen Fall, der den Hörern in einer medizinischen Vorlesung als Beispiel für ein spezifisches Krankheitsbild vorgestellt wird. Daß Franza zum »Fall« wird, heißt aber auch, daß es jetzt nur noch um das Vorhandensein eines Individuums geht, bei dem man es allein auf eine spezifische Eigenart absieht, das also auf diese Eigenschaft oder diese Geschichte reduziert wird.

Diese Subsumierung unter eine besondere Kategorie oder Klasse bedeutet für den Einzelnen – hier für Franza –,

---

[4] Es geht mir hier natürlich nicht um eine Interpretation dieses Romanfragments. Ich frage lediglich nach der in ihm implizierten Bedeutung und Tragweite des Begriffs »Fall«.

daß sie einem fremden Willen unterworfen und durch dessen Herrschaft zu einem bloßen Ding gemacht wird. Diese Verdinglichung zu einem bloßen Fall geschieht ihr nicht nebenbei, sondern verändert sie in ihrem Sein; indem sie zu einem Krankheitsfall gemacht und als ein solcher behandelt wird, wird sie tatsächlich krank, was schließlich zu ihrem Tod führt. Zugleich aber ist die Bezeichnung der Geschichte von Franza als »Fall« zweifellos auch als ironisch oder sogar zynisch zu verstehen: Der Inhalt des Romanfragments ist keine Fallbeschreibung, sondern der Versuch eines Nachverstehens des tödlichen Leidens an einem spezifischen Zum-Fall-werden aus drei unterschiedlichen Perspektiven. Daß die Benennung als *Fall* – u. a. schon im Titel – ironisch oder zweideutig gemeint ist, zeigt sich u. a. auch darin, daß Franza sich selbst als Untatsache bezeichnet.

Unheimlicherweise wirkt, was ihr angetan wird, in der Folge auf Franza zurück: Der, der sie beherrscht, wird für sie seinerseits zum Fall.[5] Franza sagt über Jordan, ihren Mann: »er ist das Exemplar, das heute regiert, das von heutiger Grausamkeit ist.« (80) Genauer erfährt sie ihn als Repräsentanten eines privaten wie gesellschaftlichen Faschismus,[6] in dem sich zugleich das sexistische Verhalten des weißen Mannes gegenüber den Frauen wie sein imperialistisches Verhalten gegenüber den ausgebeuteten Völkern, insbesondere der ägyptischen Kultur, spiegelt. Indem Franza zum Objekt und

---

[5] Wohl weniger für Franza selbst als vielmehr für die Autorin Bachmann.
[6] Daß Bachmann den Franza zerstörenden persönlichen Faschismus letztlich auf den historischen Faschismus zurückführt, wird durch die Überlegung in der Vorrede deutlich: »wohin das Virus Verbrechen verschwunden ist – es kann sich doch nicht vor zwanzig Jahren verflüchtigt haben« (74). Die Rede vom Virus bestätigt meine These, daß nicht nur die induzierte Krankheit, sondern ebenso die geschehende aktuelle Gewaltanwendung als »Fall« angesehen werden kann.

Fall gemacht wird, werden die Unterdrücker und Herrschenden ihrerseits zu Objekten und Fällen der sie antreibenden Macht- und Gewaltphantasien.[7]

*

Zum Schluß möchte ich hier noch eine besondere Überlegung anfügen. Ein Blick auf die Philosophie der letzten knapp hundert Jahre zeigt eine in Variationen auftretende selbe Figur: Philosophen analysieren kritisch ihre Gegenwart, indem sie deren sie bestimmende »negative« Grundzüge aufzeigen. Die Kritik richtet sich jeweils auf die Grundfigur des zeitgenössischen Weltverhältnisses, das vorstellende, zum Gegenstand machende Subjekt (Heidegger), das identifizierende, verdinglichende Subjekt (Adorno), den rechtlosen, auf sein »nacktes Leben« reduzierten Menschen (Agamben), das depressive Leistungssubjekt (Han). Bezeichnenderweise gehen diese Autoren nicht von der leibhaften Erfahrung ihres eigenen In-der-Welt-seins aus, sondern sie analysieren die jeweilige Realität der Zeitgenossen, die als allgemeiner »Fall« genommen – und auch hier würde ich sagen: degradiert wird. Jeweils frage ich mich, wie es denn mit dem individuellen, persönlichen Erfahrungsumfeld des Schreibenden bestellt sein mag, mit seinen Freunden, seiner Mutter, mit ihm selbst. Heidegger hat für die Situation des »wissenden« Denkenden den Begriff der »Wenigen« eingeführt, Adorno den des »Privilegierten«, – philosophisch gesehen nicht sehr überzeugend. Die Grundzüge werden, so scheint mir, nicht so sehr als vorfindliche und zum Teil in der Tat vorherrschende Grundzüge aufgefaßt und nachgezeichnet, sondern sie

---

[7] Sie werden zu verselbständigten, objektiv gewordenen *Charaktermasken*.

Fall

werden zusammengezogen zu verselbständigten *Fällen;* allerdings gerade nicht zu Einzelfällen, vielmehr zu Repräsentanten einer unhintergehbaren gesellschaftlichen Realität.

Fallen und seine Familienmitglieder

Auf den ersten Blick scheinen die Sachen, die mit den Worten »Zufall«, »Abfall«, »Einfall« usw. benannt werden, nicht mehr miteinander zu tun zu haben als etwa die entsprechenden Worte »Geschick«, »Müll« und »Idee«, die als Synonyme der ersteren gelten können. Und doch ist es keine bloße Laune der Sprache, kein bloßer Zufall, daß jene den *Fall* in sich tragen. Es handelt sich nicht um einen bloßen, bedeutungslosen Gleichklang, um keine Homonymie. Meine mehrfache Negierung des »bloßen« soll darauf hinweisen, daß da *noch mehr* im Spiel ist, daß zuweilen so etwas wie eine untergründige Verwandtschaft bestehen kann. Außer dem Wortstamm selbst, der seinerseits keine eine, definierbare Eindeutigkeit besitzt, gibt es zwar kein übergreifendes Gemeinsames in allen Komposita und Ableitungen, wie das der Fall wäre, wenn es sich um eine kategoriale Gemeinsamkeit handelte. Gleichwohl gibt es von Fall zu Fall wechselnde *Familieneigenschaften* unter ihnen, deren schwächste und nichtssagende eben jener gemeinsame Wortstamm wäre.

Der unter unterschiedlichen Vorzeichen, in unterschiedlichen Gewändern oder Verkleidungen auftauchende Fall *kann* jeweils einen Anteil in die Zusammensetzung einbringen, der, wenn er überhaupt vorhanden ist, einerseits nicht immer der selbe ist und der andererseits erst bei einer genaueren Analyse sichtbar wird. Er macht nicht den Kern der Bedeutungen aus. Das *Fallen* bzw. der *Fall* bringt nichts zum Ausdruck, was die gemeinsame Substanz all seiner Ableitungen und Kompositiva wäre. Am ehesten können wir sagen, daß sich jener Anteil zuweilen in analoger Weise in dem einen wie dem anderen Wort hören läßt.

Daß hier Unterschiedliches gleichwohl irgendwie in einer Beziehung stehen kann, hat Dichter zuweilen – bewußt oder unbewußt – dazu verführt, die Unterschiedliches bedeutenden Worte in ein gemeinsames Spiel zu bringen. Ich gebe hier nur ein Beispiel[1], und zwar aus Bachs Matthäuspassion:

> Der Heiland fällt vor seinem Vater nieder,
> dadurch erhebt er mich und alle
> von unserm Falle
> hinauf zu Gottes Gnade wieder.
> Er ist bereit,
> den Kelch, des Todes Bitterkeit
> zu trinken,
> in welchen Sünden dieser Welt
> gegossen sind und häßlich stinken,
> weil es dem lieben Gott gefällt.

Zwischen einigen der Familienmitglieder bestehen deutlich wichtigere Ähnlichkeiten als zwischen anderen. Mir ist vor allem aufgefallen und ich habe in den unterschiedlichsten Fall-Zusammenhängen jeweils darauf aufmerksam gemacht, daß es bei einer Reihe von Ableitungen von »fallen« ein Moment des *subjektlosen Zukommens* gibt, das als das Geschehen eines Jenseits von Subjektivem und Objektivem bezeichnet werden kann. Sprechen wir etwa von einem *Vorfall*, so geht es um ein Ereignis, das weder wir selbst herbeigeführt

---

[1] An vielen Stellen dieses Buches habe ich mit unterschiedlichen Ableitungen des »fallens« gespielt. Vgl. z. B. auch: »Sicher, das Woanderssein der Dinge ist der Fall, und am besten fällt es in der Sprache, in die Sprache, ein Wort wie Wasserfall – wenn man das Transitorische, Translatorische mitdenkt« (Uljana Wolf, *Vielleicht sollte man das Konzept Ort abschaffen*).

haben, noch durch eine äußere Instanz gemacht wurde. Doch findet sich dieser Charakter eben keineswegs in allen Fällen von *Fall*. Der *Ausfall* der Bewohner einer belagerten Stadt, der feindliche *Überfall*, der grammatikalische Fall (casus), der *Beifall* sind Beispiele, für die jenes subjektlose Zufallen nicht gilt.

Die besondere, »unordentliche« Zusammengehörigkeit mehrerer Komposita – oder genauer: Ableitungen – von *fallen* zeigt sich deutlich, wenn wir einige ihrer Übersetzungen – nämlich von Zufall, Vorfall, Einfall, Zwischenfall, Unfall – in verschiedenen europäischen Sprachen beachten. »Fallen« ist die Übersetzung des lateinischen »cadere«. Die auf cadere zurückgehenden – sich in den hier betrachteten drei Sprachen in ihren Bedeutungen interessanterweise überschneidenden – Komposita von cadere teilen mit denen von fallen ein einerseits ähnliches, andererseits unterschiedliches Schicksal.[2] Ein entscheidender Unterschied liegt darin, daß im Gegensatz zu den unterschiedlichen Präfixen im Deutschen fast nur die beiden lateinischen Vorsilben »ad« und »in« zum Zuge kommen. Gemeinsam ist ihnen, daß das Zu- und Vorfallen im weitesten Sinne in einer Vielzahl von sehr differenten Wendungen und Zusammenhängen begegnet.[3]

»*Unfall*« heißt im Englischen *accident*, ebenso im Französischen. Auf Italienisch ist der Unfall *un incidente*, was – wie das englische accident – ebenfalls als Übersetzung für *Zwischenfall* wie für Zufall fungiert; *l'accaduto* ist der Vorfall, das Vorkommnis. *L'incidenza* ist der *Einfall des Lichts* –

---

[2] Ich übergehe die Tatsache, daß die betreffenden Worte von verschiedenen grammatikalischen Fällen des betreffenden lateinischen Wortes ausgehen. Vgl. z. B. im Italienischen accidente (Part.praesens) und accaduto (Part.perf.).
[3] »Incident« z. B. kommt im Englischen unter vielen anderen in Wendungen wie den Äquivalenten von Schadensbericht, Einsatzzentrale, Einzelfall, auslösendes Moment, Störungsmanagement, Einfallswinkel vor.

auf Englisch *incidence* – und die *Auswirkung*. Auf Französisch meint *incident* dasselbe wie im Englischen: *Zwischenfall, Störfall, Vorfall, Fall, Einfall* (des Lichts). Das italienische *incidentale, incidentemente* und *per incidenza* wird mit beiläufig, zufällig wiedergegeben. Ebenso im Englischen *by accident*, im Französischen *accidentel* bzw. *par accident* (häufiger: par hasard); der Zufall heißt hier u. a. *coincidence*.

Im Deutschen gibt es zwischen einigen der betreffenden Worte aus der Wortfamilie »fallen« teilweise Entsprechungen, die aber nicht durchgängig sind. Zufall und Vorfall z. B. werden in bestimmten Zusammenhängen fast gleichbedeutend gebraucht, in anderen jedoch nicht. Kleists »Charité-Vorfall« kann zweifellos ein Zufall genannt werden, die Vorfälle bei Kafka haben dagegen gewöhnlich nichts mit Zufall zu tun. Oder: In Kriminalberichten begegnende Vorfälle von Belästigung haben oftmals den Charakter von Zwischenfällen, die von Kleist und Kafka berichteten aber keineswegs.

Die Familie der Komposita und Ableitungen von *fallen* ist ungewöhnlich groß, – ungewöhnlich, obgleich die deutsche Sprache ohnehin reich an umfänglichen Wortfamilien ist. Die Ähnlichkeiten sind wie gesagt vielfältig und überschneiden sich häufig. Es hat mich gewundert, wie viele einzelne Angehörige dieser Familie in sich selbst nebeneinander bestehende unterschiedliche Bedeutungen haben. Das ausgefallene Kleid und die ausgefallene Unterrichtsstunde haben nichts miteinander zu tun. Ebenso wie das Zufallen einer Tür und der Zufall eines Mißgeschicks.

Ich beschäftige mich in diesem Buch nur mit einer kleinen Auswahl von Fällen. Doch ich will wenigstens einen aufzählenden Blick auf die große weitverbreitete Familie[4] werfen, soweit sie oben nicht ausführlicher berücksichtigt wurde:

---

[4] Ohne Anspruch auf Vollständigkeit. Einige wenige Worte führe ich in

Todesfall, Krankheitsfall, Glücksfall, Notfall, Extremfall, Ausnahmefall, Präzedenzfall, Beispielfall, Bedarfsfall, Grenzfall, Kniefall, Wechselfall, Sündenfall, Störfall, Streitfall, Tidenfall. Fallschirm, Fallobst, Fallsucht, Fallwinde, Fallbeil, Fallstrick. Befall, Zerfall, Durchfall, Überfall, Ausfall, Anfall, Rückfall. Holzfäller, Gefälle, Fälligkeit.

Wie Schuppen fällt es von den Augen, Masken oder Schleier werden fallen gelassen, aus allen Wolken fallen, die Würfel sind gefallen, in die Rede fallen, zum Opfer fallen, Aktienkurse fallen, die Temperatur fällt, der Vorhang fällt, vom Himmel gefallen, in den Schoß fallen, auf den Kopf gefallen, zu Füßen fallen, sich in die Arme fallen.

Ausfallen, entfallen, anfallen, befallen, anheimfallen, umfallen, hinfallen, zurückfallen, überfallen, auseinanderfallen, leichtfallen und schwerfallen, niederfallen.

Auffällig, anfällig, überfällig, abfällig, ausfällig, rückfällig, gefällig, baufällig, schwerfällig.

Ein Fall von vielen, im Fall der Fälle, falls, auf alle Fälle, gesetzt den Fall, ebenfalls und gleichfalls, anderenfalls, im äußersten Fall, von Fall zu Fall.

---

unterschiedlichen Wortgruppen an, weil sie dort jeweilig eine andere Bedeutung haben.
Nur anmerkungsweise möchte ich auf Worte hinweisen, die als Fremdworte in unserer Sprache fremde Worte für Fall und fallen in sich tragen, etwa dekadent, Lapsus, Symptom, Chance, Okkasion, Okzident, Kadenz. Siehe auch die medizinischen Termini Bandscheibenprolaps (-vorfall), Kollaps, Ptosis (hängende Augenlider).

Literatur

Theodor W. Adorno, Negative Dialektik, Frankfurt/M. 1966.
–, Offener Brief an Max Horkheimer, in: DIE ZEIT Nr. 07/1965.
Christoph Allenspach, Zufall als Entwurfsprinzip in der Architektur. Die Karriere des Aleatorischen, in: archithese 6, 2010, 52.
Aristoteles, Metaphysica, hrsg. v. W. Jaeger, Oxford 1957.
Ingeborg Bachmann, Der Fall Franza. Requiem für Fanny Goldmann, München 1992.
Zygmunt Bauman, Leben als Konsum, Hamburger Edition, E-Book-Ausgabe 2017.
Walter Benjamin, Das Paris des Second Empire bei Baudelaire, in: Charles Baudelaire. Ein Lyriker im Zeitalter des Hochkapitalismus, Gesammelte Schriften Bd. 1.2, Berlin 1974.
Hans Blumenberg, Sokrates und das ›objet ambigu‹. Paul Valérys Auseinandersetzung mit der Tradition der Ontologie des ästhetischen Gegenstandes, in: Ästhetische und metaphorologische Schriften, hrsg. von Anselm Haverkamp, Berlin 2001.
Bertolt Brecht, Notizbücher, Große kommentierte Berliner und Frankfurter Ausgabe, Frankfurt/M. 1988–1999.
Rolf Dieter Brinkmann, Die Piloten, Köln 1968.
Johann Peter Eckermann, Gespräche mit Goethe in den letzten Jahren seines Lebens, Berlin 2011.
Peter Eisenman, »Ich war ein Nichts«, Interview, in: DIE ZEIT Nr. 44/2004.
Sigmund Freud, Die Freudsche psychoanalytische Methode, Gesammelte Werke, Bd. V, Frankfurt/M. 2001.
Erich Fried, Zum Tode von Ingeborg Bachmann: Mit scharfem Gehör für den Fall, in: DIE ZEIT Nr. 44/2015.
Max Frisch, Tagebuch 1946–1949, Frankfurt/M. 1950.
–, Homo Faber, Biografie: Ein Spiel, Frankfurt/M. 1969.
Johann Wolfgang von Goethe, Tagebuch 1797, Weimarer Ausgabe, Abt. III, Bd. 2.

Literatur

–, West-östlicher Divan, Stuttgart 1819.
Jacob Grimm und Wilhelm Grimm, Deutsches Wörterbuch, München 1984.
Rainald Götz, Abfall für Alle. Roman eines Jahres, Frankfurt/M. 1999.
Ute Guzzoni, Nichts, Philosophische Skizzen, 2. ed. Freiburg/München 2014.
–, Wendungen. Versuche zu einem nicht identifizierenden Denken, Freiburg/München 1982.
Byung-Chul Han, Die Austreibung des Anderen. Gesellschaft, Wahrnehmung und Kommunikation heute, Frankfurt/M. 2016.
Anne Hähnig/Julius Lukas/Martin Machowecz/Stefan Schirmer/Patrik Schwarz, Wir werden bedroht, in: DIE ZEIT Nr. 22/2015.
Susanne Hauser, ›Die schönste Welt ist wie ein planlos aufgeschichteter Kehrichthaufen‹. Über Abfälle in der Kunst, in: Paragrana. Zeitschrift für Historische Anthropologie, 1996, Heft 5.
Klaas Huizing, Die Liebe im Zentrum, über sein Buch »Fürchte dich nicht«, Gespräch mit Herbert A. Gornik, Deutschlandfunk Kultur, 17. 10. 2009.
Achim Geisenhanslüke, »Zu lange ist schon die Ohrfeige fällig, die schallend durch die Hallen der Wissenschaft gellen soll«. Zum Widerstreit von Philologie und Philosophie in Friedrich Nietzsches *Geburt der Tragödie* und Walter Benjamins *Ursprung des deutschen Trauerspiels*, in: Deutsche Vierteljahrsschrift für Literaturwissenschaft und Geistesgeschichte, März 2003, Bd. 77.
Georg Wilhelm Friedrich Hegel, Vorlesungen über die Ästhetik I, Sämtliche Werke, 12. Band, Stuttgart 1953.
–, Enzyklopädie der Philosophischen Wissenschaften im Grundrisse, Hamburg 1959.
–, Wissenschaft der Logik, Leipzig 1951.
–, Die Vernunft in der Geschichte, hrsg. v. J. Hoffmeister, Hamburg 1955.
Martin Heidegger, Sein und Zeit, Tübingen 1949.
–, Brief über den Humanismus, in: Platons Lehre von der Wahrheit, Bern 1947.
–, Was heißt Denken? Tübingen 1954.
Martin und Fritz Heidegger, Briefe, in: Walter Homolka/Arnulf Heidegger (Hrsg.), Heidegger und der Antisemitismus. Positionen

im Widerstreit. Mit Briefen von Martin und Fritz Heidegger, Freiburg 2016.
Wilhelm Heinse, W. Heinse an F. Jacobi, 15. August 1780, in: Sämtliche Werke, hrsg. von Carl Schüddekopf, Leipzig 1903–1910, Bd. 10.
–, Tagebuch 1780, in: Sämtliche Werke, hrsg. von Carl Schüddekopf, Leipzig 1903–1910, Bd. 7.
Johann Gottfried von Herder, Kalligone, Sämtliche Werke, Zur Philosophie und Geschichte, fünfzehnter Teil, Stuttgart und Tübingen 1819.
François Jullien, Der Weise hängt an keiner Idee. Das Andere der Philosophie, München 2001.
Karl Otto Jung, Künstlerisches Handeln. Bausteine zur Lehre in den bildenden Künsten, Berlin 2000.
Immanuel Kant, Kritik der reinen Vernunft, Hamburg 1952.
–, Kritik der Urteilskraft, Hamburg 1954.
Gregor Keuschnig, Begleitschreiben zu: Rainald Goetz: Abfall für Alle, 18. Mrz. 2006, www.begleitschreiben.net/rainald-goetz-abfall-fur-alle/.
Magnus Klaue, Abfall für alle, Jungle World 2012/05.
Paul Klee, Das bildnerische Denken, Basel 1956.
Monika Köhler, Wenn aus Zufall Kunst entsteht (zur Ausstellung [un]erwartet. Die Kunst des Zufalls, Kunstmuseum Stuttgart 2016/2017), SÜDKURIER Online, 24. Oktober 2016.
Gotthold Ephraim Lessing, Hamburgische Dramaturgie, Stuttgart 1999.
Bernhard Marx, P. Klee, Unfall (1939, 1178) – Warum ein Mädchen auf dem Kopf geht, in: Die Zwitscher-Maschine. Journal on Paul Klee / Zeitschrift für internationale Klee-Studien, No. 5, 2018.
–, Ja und Nein. Der lebendige Gegensatz, unveröffentlichtes Manuskript.
Karl Marx, Zur Kritik der Hegelschen Rechtsphilosophie, Einleitung, Frankfurt/M. 1966.
Justus Möser, Der Wert wohlgewogner Neigungen und Leidenschaften, in: Vermischte Schriften, Bd. 1, hrsg. v. Friedrich Nicolai, Berlin und Stettin 1797.
Friedrich Nietzsche, Wir Philologen, Nachgelassene Fragmente 1880–1882, KSA 9.
Klara Obermüller, Das Bildnis des Max Frisch, in: Die Welt, 14.5.2011.

Literatur

Oskar Panizza, Genie und Wahnsinn, in: Psichopatia criminalis und andere Schriften, hrsg. v. Karl-Maria Guth, Berlin 2015.
Ashok Pant, The Truth of Babri Mosque, Kindle Edition 2012.
Nicolas Pethes, Literarische Fallgeschichten. Zur Poetik einer epistemischen Schreibweise, Konstanz 2016.
Wolfram Pfreundschuh, Zur politischen Kultur des Feudalkapitalismus, 3. Teil: Der Algorithmus, der die Welt beherrscht, in: kulturkritik.net, 11.7.2014.
Ulf Pillkahn, Innovationsforschung. Wie der Zufall zur Innovation wird, in: Faktor A, Das Arbeitgebermagazin, 8. Februar 2013.
Christian Raubach, Die ästhetischste Müllkippe der Welt. Rainald Goetz' Abfall für alle, eine postmoderne Aphorismen-Sammlung, in: Kritische Ausgabe, 18. Januar 2012.
Hans Richter, Dada – Kunst und Antikunst, Köln 1964.
Rainer Maria Rilke, Briefe, Frankfurt/M. 1950.
–, Die Aufzeichnungen des Malte Laurids Brigge, Sämtliche Werke Bd. VI, Frankfurt/M. 1966.
–, Gedichte in Prosa und Verwandtes, Sämtliche Werke Bd. VI, Frankfurt/M. 1966.
Antoine de Saint-Exupéry, Der Kleine Prinz, Düsseldorf 1992.
Gesa Schölgens, Das sind die Rituale genialer Menschen, in: Frankfurter Rundschau, 4.4.2014.
Arthur Schopenhauer, Über die vierfache Wurzel des Satzes vom zureichenden Grunde, Zürcher Ausgabe. Werke in zehn Bänden. Band 5, Zürich 1977.
Ines Schumann, Frauenkriminalität – Auffallend unauffällig: Indiz für die Konstruktion und Zementierung einer asymmetrischen Geschlechterordnung?, Hamburg 2000.
Kurt Schwertsik, in: Markus Grassl, Reinhard Kapp (Hrsg.), Darmstädter Gespräche. Die Internationalen Ferienkurse für Neue Musik, Wien/Köln/Weimar 1996.
Laurence Sterne, Leben und Meinungen des Herrn Tristram Shandy, übers. v. A. Seubert, Leipzig 1880.
Jan Sieber: Allegorie und Revolte bei Baudelaire und Blanqui. Walter Benjamins Zeugen der Urgeschichte des 19. Jahrhunderts, in: Kunst, Spektakel, Revolution 4, 2014.

Literatur

Jörg Später, Die Lumpensammler. Walter Benjamin und Siegfried Kracauer in ihren journalistischen Essays, Kritiken und Rezensionen, Badische Zeitung, 4. Februar 2012.
John Steinbeck, Die Reise mit Charley: Auf der Suche nach Amerika, Wien 2002.
Hans Suter, Hans Arp, Weltbild und Kunstauffassung im Spätwerk, Bern 2007
Adalbert Stifter, Die Mappe meines Urgroßvaters, Stuttgart 1983.
Tanizaki Jun'ichir, Lob des Schattens. Entwurf einer japanischen Ästhetik, München 2010.
Michael Theunissen, Pindar. Menschenlos und Wende der Zeit, München 2000.
Michaela Vieser, Von Kaffeeriechern, Abtrittanbietern und Fischbeinreißern: Berufe aus vergangenen Zeiten, Kindle-Edition, 2010.
Leonardo da Vinci, Traktat von der Malerei, hrsg. v. M. Herzfeld, Jena 1909.
Max Weber, Wissenschaft als Beruf, in: Schriften 1894–1922, hrsg. v. Dirk Kaesler, Stuttgart 2002, 474–511.
Maria Welzig, Josef Frank 1885–1967. Das Architektonische Werk, Wien Köln Weimar Böhlau 1998.
Oscar Wilde, Salome, Übersetzung von Hedwig Lachmann, Leipzig 1919.
Uljana Wolf, »Vielleicht sollte man das Konzept Ort abschaffen«, Gespräch mit Jan Kuhlbrodt für den poetenladen, in: poet Nr. 10, 2011.
Hans Zender, Denken hören – Hören denken. Musik als eine Grunderfahrung des Lebens, Freiburg/München 2016.
Zhuangzi, Auswahl, Einleitung und Anmerkungen v. Günter Wohlfart, Stuttgart 2003.